Entre Amigas

Historias Del Alma Que Inspiran e Impactan

Escrito por

Edna L. Isaac

Junto a 19 Coautoras de Diferentes Partes del Mundo

www.jdnpublications.com

ISBN: 978-1-938432-51-4

ISBN: 978-1-938432-48-4 (Hardcover)

ISBN: 978-1-938432-88-0 (Ebook)

Copyright © 2025 Entre Amigas, Historias del Alma Que Inspiran e Impactan

Escrito por Edna L. Isaac, junto a 19 coautoras de diferentes partes del mundo:

Alfaxad Sánchez, Claudia P. Álvarez, Dinora Puello, Dorothy Álvarez, Elizabeth Puello, Elizabeth Walcott, Erica V. Figueroa, Ester Delvillar, Gerianne Marra, Jeannett Toro, Jenny Fortes, Judith De la Espriella, Judian Bartolomey, Keren Sánchez, María Ligia Callejas, Marisol Martínez, Marisol Martínez S., Nilsa M. Ortiz, Sheila Dávila.

Todos los derechos están reservados.

Ninguna parte de este libro puede ser reproducida en ninguna forma sin el permiso por escrito del editor o del autor, excepto lo permitido por la ley de derechos de autor de los Estados Unidos.

Descargo de responsabilidad

JDN/EDUCATE Publishing es una plataforma de autopublicación que ofrece a los autores la oportunidad de publicar sus obras sin necesidad de pasar por un proceso de selección editorial. Los autores son responsables del contenido de sus obras, y en particular, JDN/EDUCATE no necesariamente está de acuerdo con el contenido de este libro. No nos hacemos responsables de errores de este, y no asumimos ninguna responsabilidad por las consecuencias de su lectura. Los lectores deben ser conscientes de que el contenido de este libro es responsabilidad exclusiva del autor.

Portada y contraportada diseñadas por JDN PUBLICATIONS. Foto de fondo para portada y contraportada tomada de canva.com.

Impreso en los Estados Unidos de América

Nota Al Lector

Dirigimos estas palabras a ti, que sostienes este libro en tus manos en este preciso momento. A cada uno de nuestros lectores, sin importar su edad, género o condición social. Si has abierto estas páginas, es porque el Padre Celestial te ha guiado hasta ellas con la promesa de que aquí encontrarás el eco de Su verdad, un reflejo de Su amor y la empatía que Él ha sembrado en cada una de estas historias. Hoy recibe un abrazo solidario del Padre.

A ti, amigo o amiga, que la vida ha golpeado con fuerza. A ti que, en el silencio de la noche, riegas tu almohada con lágrimas antes de encontrar descanso. A ti que confiaste plenamente y te entregaste, solo para recibir una traición que dejó una herida profunda, de la cual te ha costado tanto sanar. Queremos que sepas que no estás solo. En cada relato de este libro, hallarás el reflejo de veinte voces valientes y honestas que, al entrelazar sus penas y alegrías, te recuerdan que los desafíos de la vida no se enfrentan en soledad, sino con la compañía de Dios. Este libro es un abrazo cálido y solidario del Espíritu Santo para cada uno de ustedes, una comunidad de almas que late al mismo compás. Es un faro de esperanza encendido desde nuestra alma colectiva, diseñado para sanar e inspirar con la luz de Cristo. Es un Viaje de Sanación con Propósito Divino.

Que la empatía, la comprensión y el compañerismo que te esperan en estas páginas te inspiren a seguir adelante, a sanar y a florecer. Que logres, de la mano de Dios, transformar cada dolor en fortaleza y cada paso en una prueba de resiliencia y superación. Que aquí no solo descubras historias, sino también la fuerza que Él te ha dado para trazar tu propio camino. Que encuentres la certeza de que, en Él, y juntos en Su Reino, somos más fuertes. Que este libro sea el recordatorio de que nuestro eco, cuando se comparte, resuena más allá del alma individual, dejando una huella imborrable en el mundo para la gloria de Dios.

DEDICADO

Primero al Padre, Hijo y Espíritu Santo y luego a una gran amiga

A Una Amiga

A una de mis mentoras, amiga, consejera, compañera de milicia, y mucho más. A ti, Pastora Ramonita Díaz, con mucho amor y respeto, por tu humildad, dedicación y todo lo que aportas al reino de Dios y a la expansión del evangelio.

~Edna

∼

*"En todo tiempo ama el amigo,
Y es como un hermano en tiempo de angustia.
Proverbios 17:17*

∼

Pastora Ramonita Díaz

"Abre su boca con sabiduría, y la ley de clemencia está en su lengua."
Proverbios 31:28 ¡Muchas Gracias!

A ti, Pastora Ramonita Díaz, con mucho amor y respeto.

Nacida en Puerto Rico, pero ha residido en la ciudad de Boston, Massachusetts, la mayor parte de su vida. Esta mujer ha sido un gran ejemplo para mi vida y merece todo mi respeto, al igual que su familia. Ella ha trabajado arduamente, no solo como una autoridad espiritual en Boston y áreas limítrofes, sino que también ha dedicado muchos años de su vida a la comunidad, trabajando en el Departamento de Escuelas de Boston. Además. También es parte de la Directiva Ejecutiva de la Confraternidad de Pastores en New England y ha servido en la junta directiva de diversas organizaciones en el área. Su labor en la obra del Señor ha sido ejemplar e impresionante.

Su programa radial en Radio Luz tocó e impactó miles de vidas a lo largo de siete años consecutivos. Conocida en muchos lugares por su programa Para Esta Hora, el cual transformó corazones en números incalculables. Sin embargo, su humildad y su trato con las personas siempre la han distinguido.

Recuerdo que, al conocerla, inmediatamente sentí como si nos conociéramos de toda la vida. Ella es la única persona que puede decirme todas las verdades, regañarme fuertemente, e insultarme si quisiera y no me molesta; por el contrario, cada palabra que sale de su boca es usada por Dios para mi bien. En ella se cumple el elogio de la mujer virtuosa de Proverbios 31:10-31, especialmente cuando dice: "Abre su boca con sabiduría, y la ley de clemencia está en su lengua." (Proverbios 31:28)

Cuando la conocí y pregunté si alguien la había honrado, me sorprendió saber que aún no lo habían hecho. Por ello, decidí honrarla con un reconocimiento especial en la revista de JDN, sorprendiéndola con su foto en la portada y páginas dedicadas a su biografía. Por poco me "mata", pues no sabía que las preguntas que le hacía durante una conversación eran, en realidad, una entrevista para la revista. Lo hice con mucho respeto y amor, sabiendo que, si se lo hubiese mencionado, no lo habría permitido. La Pastora Ramonita prefiere mantenerse en el anonimato (por ejemplo, rechazó ser coautora de este libro cuando se lo invité). Pero creo profundamente en la ley de la honra, y una sierva tan sabia que ha hecho tanto por la obra del Señor merece nuestro respeto y honra en vida, y no solo después de su partida.

Desde que ella escuchó por primera vez la misión y visión de JDN PUBLICATIONS, siempre nos ha honrado, siendo una de nuestras mayores colaboradoras. Su distinción no puede pasar por alto. Aunque sé que no le gusta que la mencionemos, ella siempre ha creído en JDN, nos ha aconsejado, y ha invertido tiempo, sabiduría y amor en nuestro ministerio.

Muchas gracias, Pastora Ramonita, por ser quien eres y por dar siempre lo mejor de ti. Pido a Dios que levante a nivel mundial miles o millones de "Ramonitas" que estén dispuestas a llevar la Palabra y la pasión por las cartas paulinas como lo haces tú.

Por todo esto, y mucho más, te dedicamos este libro con mucho amor y también nuestra conferencia Entre Amigas 2025, bajo el lema: "Mujer, Ya Dios Escribió Tu Historia."

Marisol Martinez
Boston, MA

PRÓLOGO

Más Allá del "YO"

Redefiniendo La Amistad

MÁS ALLA DEL "YO": REDEFINIENDO LA AMISTAD

POR MARISOL MARTÍNEZ, BOSTON, MA

Lo primero que me viene a la mente al escuchar la palabra amiga, es una admiración hacia las personas que disfrutan del beneficio de una buena amistad. Estas personas han sido premiadas mutuamente al dar y recibir vida a través de una amistad sincera y recíproca. Cuando digo que "han dado y han recibido vida", lo digo en el contexto expresado por Cristo en Juan 15:13. "No existe amor más grande que alguien dé su vida por sus amigos".

Pero ¿habrá querido decir Jesús esto literalmente? Aun cuando pueda darse el caso de que alguien ponga su vida por otro, no creo que Cristo estuviera hablando de morir literalmente. Debido a que la Biblia no es de interpretación privada y que ella se interpreta sola, la frase de Pablo en Gálatas 2:20 explica que no se trata de morir literalmente, sino de morir a la antigua manera de vivir para que viva Cristo en nosotros.

En el caso de poner la vida por nuestros amigos, se refiere a la muerte de nuestro egoísmo, de nuestros intereses. Estudiosos afirman que amigo es un vocablo griego compuesto por ("sin") y ego ("yo"), por lo que amigo significaría "sin mi yo". Entonces entiendo que una amiga ante las demandas de ejercer este rol pone de lado su agenda, sus deseos, su opinión, su ego; la lista puede ser infinitamente larga; con el solo propósito de hacerse presente.

Hay momentos que no es necesario hablar y que solo estar presente dice más que mil palabras. Una amiga nos escucha para afirmar que no estamos solas, muy diferente al que oye con prisa listo para dar respuesta antes de que terminemos de hablar.

Volviendo al tema de Juan 15:13, es más fácil y conveniente enviar un regalo costoso que hacer una visita. Dar de nuestro tiempo parece ser algo imposible, un sacrificio para casos de vida o muerte. El problema consiste en la incapacidad para reconocer que entregar 15 minutos de mí puede ser el equivalente a salvar otra vida. Creo que lo que Jesús quiso decir con "poner su vida por sus amigos" equivale a "sin mi yo".

El idioma de los tiempos innovadores que vivimos y las redes sociales, han degradado el significado de la palabra amigo/a. Todo el mundo es "amigo" de todo el mundo en las redes sociales, pero esta amistad superficial no merece recibir el término de la palabra que encierra un significado tan profundo y que demanda expectativas muy por encima del cuadro perfecto que publicamos.

Tengo una fuerte opinión de lo que debería ser una amiga, por esa razón no puedo usar la palabra con ligereza, o para referirme a las mujeres que he conocido. Una amiga no debe sufrir a solas. Si tienes el privilegio de tener una amiga, no hay razón para que atravieses el desierto sin alguien a quien puedas llamar para desahogarte cuando el sol candente te sofoca, o cuando la noche fría y oscura te inunde con el temor y la desesperanza.

Admiro aquellas mujeres que han sostenido una amistad de años y juntas han arribado a la temporada donde los recuerdos y las memorias continúan fortaleciendo sus lazos de amistad. Muchas de nosotras no hemos sido tan afortunadas, algunas porque no supimos cultivar dicha amistad, otras porque nuestra crianza dejó impresa en nosotras la incapacidad de construir estos lazos amistosos y otras porque el rechazo es eminente cuando no se comparten ciertos principios fundamentales. No me refiero a tener diferencia de opinión, hablo de un estilo de vida rechazado por personas que consecuentemente rechazan a quienes lo adoptan.

Durante una reunión de mujeres dialogábamos sobre lo que significa ser una mujer de Dios. Entre los comentarios, uno que resaltó impetuosamente fue el que una mujer de Dios no tiene muchas amigas. Esto pareciera algo contradictorio y difícil de procesar en el momento, pero cuando analizas la profundidad de dicha declaración, llegarás a la conclusión de que lo poco común del carácter de una mujer de Dios no tiene nada de común ni es popular entre las demás.

Las características de una mujer de Dios, las cuales no se limitan a la lealtad, confidencialidad, empatía, tolerancia y el coraje para decir lo que la persona necesita escuchar y no lo que desea que le digan, son ingredientes que no producen muchas amigas.

Lamentablemente, una realidad de ser una mujer de Dios muchas veces es andar sola; sin embargo, una perspectiva diferente nos convertiría en un ejército invencible ante la lucha contra la soledad, el desamino, la enfermedad y o problemas personales que nos hacen vulnerables y confirman que no es bueno que el ser humano esté solo. Fuimos creados para vivir en comunidad. Aún la persona más fuerte e independiente necesita de otros seres humanos. Después de Dios haberlo creado todo, notó algo que no estaba bien. Adán disfrutaba de todo lo creado; le acompañaban todos los animales que de hecho él mismo nombró; no obstante, Dios dijo "no es bueno que el hombre esté solo"

Genesis 2:18. Esta declaración no se refiere exclusivamente en un contexto conyugal como regularmente lo interpretamos, sino en el contexto de que nos necesitamos unos a otros. Fuimos creados para habitar en compañía de otros seres humanos. Una mascota puede aliviar la soledad y dar apoyo emocional, pero todos los animales del mundo entonces creado no fueron suficiente para satisfacer la necesidad de comunidad en Adán.

Cuanto me gustaría compartir alguna experiencia personal que resalte la lealtad y el compañerismo de alguien en mi vida que pueda llamar genuina y orgullosamente "amiga".

Alguien cuya compañía a través de los años haya comprobado la fidelidad y el amor recíproco e incondicional que define la amistad verdadera. Desafortunadamente, este no es el caso. No significa que no haya tenido, o que no existan en mi vida personas con quien pueda contar para algún favor o necesidad inmediata. Al contrario, estoy agradecida de muchas personas que son serviciales y dispuestas, pero ¿amigas?

Esta palabra está reservada para aquellas mujeres que de repente se aparecen sin avisar, porque saben que estás atravesando un período de tiempo en tu jornada cuando necesitas saber que tienes una amiga, para la mujer que celebra tus logros, la que reafirma tu potencial cuando no alcanzas alguna meta y para la que sin reservas te confronta cuando necesitas corrección.

Entre amigas se llora, se ríe y se reconoce que debemos dejar de ser "yo' aunque por un momento, para que otra reciba vida. No se trata de enviar una imagen de texto dos o tres veces al año que lee, feliz Navidad, feliz Día de las Madres, etc., esto no es más que amistad cibernética y consecuentemente superficial, algo muy lejos de la realidad.

El tiempo pasa más rápido de lo que imaginamos cuando tenemos una edad menos avanzada y mayor oportunidad de establecer lazos de amistad. De repente nos damos cuenta de que no invertimos lo suficiente en algunas áreas de nuestras vidas.

De poder retroceder, me encargaría de valorar y cultivar amistades que caminen conmigo a lo largo de esta jornada que llamamos vida. Fuimos creados para vivir en comunión los unos con los otros y que mejor comunión que la que pueda haber entre amigas.

Conozcamos más de Marisol Martinez

MARISOL MARTÍNEZ NACIÓ en la República Dominicana y vivió en Nueva York cuando su familia emigró a Estados Unidos a los 12 años. Como empresaria, posee diversas habilidades y experiencias que incluyen, entre otras, ministerio pastoral, plantación de iglesia, enlace entre padres y escuelas, agente inmobiliaria, intérprete, esposa y ama de casa. Sin embargo, su mayor triunfo fue criar a tres hijos que hoy son un gran recurso para la sociedad actual. Al enviudar después de más de 30 años de casada, Marisol disfruta de la alegría y bendición impartida por sus nietos y la satisfacción de tres hijos realizados. Marisol es la autora del libro "Cuando La Vida Sucede". Aunque no la conozco desde hace muchos años, el poco tiempo que hemos conversado ha sido suficiente para darme testimonio de una gran mujer de Dios. Sus palabras me impactaron profundamente porque encierran una gran verdad, especialmente para quienes no tenemos muchos amigos o cuando el ministerio se vuelve un camino solitario, pues no todos comprenden nuestra visión y propósito en el Señor. De hecho, tuve que usar sus palabras en el Prólogo de este libro, ya que capturan la profunda esencia de "Entre Amigas". Palabras que resuenan en lo profundo del corazón y nos ayudan a redefinir la verdadera amistad. Gracias, Marisol, por tus poderosas palabras.

Por Edna L Isaac
Taunton, MA

Introducción

¿Amistad o Traición?
Si Solo Hubiera Escuchado

Entre Amigas

¿AMISTAD O TRAICIÓN? SI SOLO HUBIERA ESCUCHADO

POR EDNA L. ISAAC, TAUNTON, MA

Este libro que tienes en tus manos no es solo un conjunto de páginas; es un abrazo colectivo, un testimonio vivo del poder trascendente de lo que Dios puede hacer en la vida de muchas de nosotras. Pero ¿qué es en realidad la amistad verdadera? Como nos recuerda la sabiduría bíblica en Proverbios 17:17,

"En todo tiempo ama el amigo, y es como un hermano en tiempo de angustia."

En este espacio, diferentes voces femeninas de diferentes lugares del mundo se entrelazan para brindarte un refugio, un espejo y un nuevo impulso. Son historias nacidas del alma, forjadas en la experiencia y destiladas en conocimiento, listas para resonar contigo e impactar tu vida profundamente. Siempre he dicho que, a través del camino de la vida, vamos experimentando diferentes situaciones que suelen causar traumas en la vida.

A menudo, deseamos tener un consejo sabio, una mano que nos impulse, una voz que nos entienda, alivio en el dolor y un apoyo incondicional, en fin, una verdadera amistad, lo cual es difícil conseguir.

Como esas palabras que desvelan el dolor oculto tras la tragedia, la traición, el engaño o la enfermedad. Palabras como las que Dios me ofreció para una joven que enfrentaba la adversidad, y que hoy son el alma de Entre Amigas Internacional:

Amiga Hermana

Sé mis ojos, cuando no puedo ver el peligro.
Sé mis manos, cuando no puedo tocar la necesidad,
Sé mis pies, cuando no puedo caminar a la meta trazada.
Sé mi boca, cuando mis sentimientos no puedo expresar.
Sé mi paño de lágrimas, cuando el dolor suelo enfrentar.
Sé la espalda que me carga, cuando ya no puedo más.
Amiga te Necesito,
Y yo también lo haré contigo.

Inspirado por el Espíritu Santo,
y escrito por Edna L. Isaac

Prepárate para inspirarte, conmoverte y fortalecerte con estas narrativas que celebran la conexión, la resiliencia y la profunda hermandad de Entre Amigas, un movimiento que Dios está levantando alrededor del mundo para este último tiempo. Abre estas páginas y descubre el poder transformador de las historias compartidas desde lo más profundo del alma.

De hecho, deseo contarte solo un poco acerca de cómo Dios me dio estas palabras de "Amiga Hermana". Aquí comparto contigo —con el permiso de la persona de quien estaré hablando— una experiencia que no solo debes oír con tus oídos, sino escuchar con el corazón. Pues ninguna de nosotras o también para los caballeros que lean este libro, ninguno de nosotros está exento de que algo así nos acontezca, sin embargo, oremos por aquellos que sí lo han vivido.

El Eco de un Corazón Quebrantado

Eran las dos de la madrugada cuando bruscamente la vibración de mi teléfono me arrancó de mi profundo dormitar. Una punzada de inquietud me atravesó el alma; sabía, en lo más profundo de mi corazón, que solo una emergencia desesperada podría atreverse a romper el silencio de la noche. Con manos temblorosas, tomé el celular y la pantalla se iluminó con un mensaje que me heló la sangre.

Un emoji de llanto inconsolable acompañaba las palabras que se grabaron en mi alma:

> "Perdóneme, Pastora, por no seguir sus consejos. 😭
>
> Fulano de tal me metió presa, me acusó de asesinato, me quitó a mis nenes y está con fulana de tal. Me la describieron, la ven entrar a mi casa todos los días, ¡es ella!" 😭

Era la voz rota de un corazón hecho pedazos. La voz de una joven madre de 24 años, a quien había advertido una y otra vez sobre la sombra que se cernía sobre su vida. Había caído en el abismo de la manipulación, el engaño, el abuso físico, emocional y psicológico.

Pero lo más desgarrador, la traición más vil: la de su esposo con su "mejor amiga", la madrina de sus propios hijos y, para colmo, una "hermana" en la fe que asistía a la misma congregación.

Aunque esta joven pareja había servido a Dios con sinceridad y pasión desde que se reconciliaron con Dios, una grieta espiritual en su hogar permitió que el enemigo se infiltrara. A pesar de mis advertencias constantes —revelaciones divinas sobre el pecado oculto y oraciones incansables— ellos hicieron caso omiso.

Ella sin querer se dejó arrastrar por las trampas de Satanás, manipulada por quien debía amarla y por quien se decía ser su amiga, sumergiéndose en un remolino de mentiras, engaño y traición.

Recuerdo haberlos confrontado con sabiduría y un corazón de madre, aconsejándoles que se apartaran de esa pareja que solo les traería aflicción. Sin embargo, mis advertencias cayeron en oídos sordos. Tristemente, nuestros consejos y súplicas fueron ignorados.

No podemos forzar a nadie; somos solo instrumentos en las manos de Dios, pero cada uno es responsable de sus propias decisiones. A veces, el amor nos ciega, la necedad nos arrastra, la ignorancia nos engaña o el miedo nos paraliza, impidiéndonos ver el precipicio que otros nos señalan con angustia. ¡Cuánto lamento que no me escuchara!

Nuestra misión como siervos es ofrecer la luz del consejo, no imponerla. Si alguien te tiende una mano con guía nacida de la sabiduría divina, por favor, escucha atentamente. Podrían ser los ojos que necesitas cuando tu propia visión está oscurecida por el dolor o la confusión.

Esta joven madre fue la víctima de una conspiración maquiavélica. Su esposo y su supuesta mejor amiga tramaron destruirla y arrebatarles a sus hijos, aprovechándose de sus propios conocimientos en casos de familia, divorcio y custodia legal. A pesar del dolor atroz que infligieron, persistieron en sus engaños, incluso simulando devoción en la iglesia, mientras sus corazones albergaban la destrucción premeditada de una vida inocente.

Aunque no juzgamos el pasado, los frutos amargos revelan la verdadera naturaleza. Quienes persisten en la mentira y el daño, incluso escudándose en la fe, se alejan de la gracia hasta que haya arrepentimiento genuino y reparación sincera. Creo firmemente en el perdón divino, pero también en la necesidad imperativa de enmendar el mal causado, especialmente cuando la ofensa sigue latente.

De ahí la importancia vital de las alertas en nuestras relaciones, sobre todo en las que se basan en la confianza. Un consejo sabio debe ser escuchado; un consejo ofrecido con verdad y aceptación de la realidad debe ser acogido. No ignoremos las advertencias divinas que nos llegan a través de otros.

Fue así como nacieron las palabras de nuestro ministerio internacional. Una madrugada, antes de acompañar a esta joven a la corte mientras luchaba por su inocencia ante cargos falsos, le rogué a Dios:

"Por favor, permíteme sentir la carga de esta muchacha, todo lo que está viviendo."

Jamás imaginé que Dios me permitiría, literalmente, sentir un peso tan abrumador que me doblegó. Me sorprendió cómo ella, a pesar de todo, se mantenía en pie. Realmente no podía creer cómo aún conservaba su lucidez y su juicio cabal. Pude sentir su sufrimiento, ponerme en sus zapatos por un instante, y no le desearía ni a mi peor enemigo lo que esta joven estaba padeciendo.

Por esta razón, era imprescindible comenzar con esta historia tan dolorosa, porque de aquí surgió el corazón de "Entre Amigas". Ayudemos a otros a ver lo que ellos no pueden ver, a cargarlos en nuestros hombros cuando apenas pueden caminar, a interceder por ellos con gemidos indecibles cuando ya no les quedan lágrimas, solo el llanto mudo.

No los juzguemos cuando vemos que la angustia y la traición los empujan a la desesperación; usemos la empatía, porque, como dice el viejo refrán, "nadie sabe lo que hay en la olla sino la cuchara que lo menea". No juzguemos la reacción ante la traición; la empatía nos recuerda que solo quien vive la experiencia conoce su profundidad.

Así, las palabras que Dios me dio aquella madrugada para esa joven, y que hoy son el lema de nuestro Ministerio Internacional Entre Amigas, nos invitan a la acción:

Ser sus pies cuando ellos no pueden caminar hacia la meta trazada. Ser su boca cuando el dolor y el sufrimiento silencian sus sentimientos. Seamos su paño de lágrimas ante la aflicción, sin juzgarlos, sin condenarlos, y mucho menos murmurando "te lo dije".

En ese momento, lo que necesitan es que nosotros seamos la espalda que los carga cuando el peso es insoportable y ya no pueden más. Hoy, ellos nos necesitan, pero como dice el viejo refrán: "Hoy por ellos, mañana por nosotros."

Queremos compartir contigo una nueva colección de escritos;

historias del alma que resonarán en ti, inspirándote y conmoviéndote profundamente. Comenzamos este camino junto a nuestra primera coautora y su hermoso relato. Esperamos que estas historias de fe, resiliencia y experiencias vividas sean una fuente de edificación y consuelo para ti.

Si tienes pasión por ayudar a otras mujeres, escribir, dar conferencias, predicar, enseñar, o sientes que tienes algo que dar, ¡este es tu momento! No te detengas; estamos aquí para ayudarte a alcanzar tus sueños.

Únete a nuestro equipo de JDN Global Leadership Network. Necesitamos editoras, escritoras, colaboradoras y mucho más. Puedes encontrarnos en nuestras redes sociales o a través de nuestros sitios web.

JDN Publications - Información de Contacto
Sitios Web
https://jdnpublications.com/
https://www.jdncorporation.com/
Email (General)
jdncpublications@gmail.com
Teléfono (Oficina)
508-681-3115
Teléfono (Celular)
774-444-7268
 Contacto para Conferencias
Si deseas llevar nuestras conferencias de Entre Amigas Internacional, por favor, contáctanos escribiendo a:
Email: entreamigasint@gmail.com

¡Búscanos en nuestras plataformas y ponte en contacto con nosotros!

Conozcamos más de Edna L Isaac

Edna Isaac nació en Aguadilla, Puerto Rico, y se mudó a los Estados Unidos a los 16 años, donde se estableció en Massachusetts. Está casada con Francisco J. Isaac desde hace 34 años y tienen cuatro hijos. Edna es una figura multifacética, conocida como agente de cambio profesional, autora y oradora internacional.

Es la CEO y Presidenta de JDN Corporation y JDN Publications / EDUCATE Publishing, con sede en Taunton, MA, y con un impacto que se extiende a nivel internacional.

Es fundadora y pastora asociada de la Iglesia Casa de Adoración (CDA House of Worship) en Taunton, MA, la cual dirige junto a su esposo, el Pastor Francisco J. Isaac.

También es la fundadora de; Radio WHUC 95.6 FM (en etapa de construcción); Entre Amigas Internacional, un ministerio dedicado a sanar, empoderar y predicar; Association of Christian Churches and Ministries Inc.; y JDN Global Leadership Network.

Además, Edna es una figura activa en su comunidad y en el ámbito académico. Anteriormente presidió por siete años la Asociación de Clérigos de Taunton, MA y áreas limítrofes. También fue profesora por más de una década en dos diferentes escuelas teológicas: en la ETME, Escuela Teológica Ministerial Elías, ubicada en Boston, MA, y en el Instituto Bíblico Getsemaní de Asambleas de Dios en la ciudad de New Bedford.

Actualmente trabaja como Senior Counselor en uno de los Community Justice Support Centers en MA. Como autora, ha escrito más de 14 libros. Su libro más reciente es "Refinados Como El Oro". Para más información, puedes visitar www.jdnpublications.com y www.jdncorporation.com o contactar por correo electrónico a: jdncpublications@gmail.com.

JUDITH DE LA ESPRIELLA
REPUBLICA DE PANAMÁ

PRIMERA
HISTORIA

A MI AMADO
Y HERMOSO
ESPIRITU SANTO,
MI COMPAÑERO
FIEL

1

A MI AMADO Y HERMOSO ESPÍRITU SANTO, MI COMPAÑERO FIEL

PASTORA JUDITH DE LA ESPRIELLA DE GIL, REPUBLICA DE PANAMÁ

Quiero dar testimonio del amor y la fidelidad de mi Amado Espíritu Santo, a esa persona hermosa que llegó a mi vida, el viernes 24 de diciembre de 2004, hace 20 años, cuando me sentía perdida, sin razón de vivir, rodeada de todas las cosas materiales, pero con una vida vacía, una soledad y tristeza muy grande, sin deseos de continuar adelante, preguntándome cual era mi razón de ser, de existir y de vivir en esta tierra.

Para esos días, me regalaron el libro Aligere su equipaje de Max Lucado, a través del cual el Espíritu Santo empezó a usar como herramienta para hablar conmigo, a medida que iba leyendo, yo iba sintiendo ese proceso de sanidad de mi corazón, llegando muy dentro de mí, como un bisturí lleno de amor y de ternura, que inundó las partes más secretas de mi vida, sanando mis heridas, recuerdos dolorosos, ministrando el perdonarme a mí misma y a todos los que habían sido parte y rodeado mi vida desde que estaba muy niña.

Terminé de leer el libro en mención en un par de días, inmediatamente caí de rodillas pidiéndole perdón a mi Padre Celestial por mis pecados y aceptando a Jesús como mi Señor y Salvador de mi vida, desde ese momento inició mi nueva vida y mi caminar cristiano bajo la dirección total y completa de mi amado y hermoso Espíritu Santo, mi Paracleto Divino que camina conmigo, mi Ayudador, mi Consejero, mi Consolador, mi Exhortador, mi Amigo Fiel.

Mis experiencias y testimonios de mi relación con el Espíritu Santo son únicas, mi deleite con el Espíritu Santo es único, a través de la alabanza y de la música es una entrega y un deseo inmenso e intenso por su presencia, conforme a Salmo 37: 4

> "Deléitate asimismo en Jehová, Y él te concederá las peticiones de tu corazón."

Yo menguo para que el crezca y me use a través de la ministración de la alabanza para que Él pueda ministrar los corazones de las personas, pueda sanar a los quebrantados de corazón; pueda liberar a los cautivos; dar vista a los ciegos y poner en libertad a los oprimidos.

Conforme a lo que dice la Palabra de Dios, Salmo 100:

> 1 Cantad alegres a Dios, habitantes de toda la tierra. 2 Servid a Jehová con alegría; Venid ante su presencia con regocijo. 3 Reconoced que Jehová es Dios; Él nos hizo, y no nosotros a nosotros mismos; Pueblo suyo somos, y ovejas de su prado. 4 Entrad por sus puertas con acción de gracias, Por sus atrios con alabanza; Alabadle, bendecid su nombre. 5 Porque Jehová es bueno; para siempre es su misericordia, Y su verdad por todas las generaciones.

El Espíritu Santo ha hecho todo nuevo en mí, irrumpió en mi vida a los 50 años de edad, a lo largo de estos 20 años de haber llegado a mi vida y de servirle; bajo su dirección y guía, tengo 18 años de estar felizmente casada con mi amado esposo el Pastor Priciano Gil Hernández, juntos pastoreamos el Ministerio Internacional Jesús es Vida, en la Ciudad de Panamá, República de Panamá.

Quiero decirte, a ti que me estás leyendo, sea cual sea la situación que puedas estar viviendo, quiero presentarte a mi Amado y Hermoso Espíritu Santo,

Él es tu Consolador y Ayudador,
BÚSCALO Y CONOCELO, EL TE AYUDARÁ
Y ESTARÁ CONTIGO PARA SIEMPRE.

El Espíritu Santo es una persona, de quien Jesús dijo que nos convenía que él se fuera, porque si no se iba, el Consolador no vendría a nosotros, más si él se iba, lo iba a enviar para que esté con nosotros para siempre.

Mas el Consolador, el Espíritu Santo, a quien el Padre enviará en mi nombre, él os enseñará todas las cosas, y os recordará todo lo que os he dicho.

Cuando venga el Espíritu de verdad, él os guiará a toda la verdad. El Espíritu Santo nos revela a Cristo Jesús y es quien nos llevará día tras día a la estatura del varón perfecto, JESUCRISTO, el autor y consumador de nuestra fe.

Pastora Judith De la Espriella de Gil
Sierva del Señor

Conozcamos más de Judith de La Espriella

LA PASTORA JUDITH ha servido durante veinte años y ha estado felizmente casada por dieciocho años con su amado esposo, el Pastor Priciano Gil Hernández. Juntos pastorean el Ministerio Internacional Jesús es Vida en la Ciudad de Panamá, República de Panamá, dedicados a guiar a otros a conocer al Señor. Conocí a esta humilde pero gran mujer de Dios la primera vez que hicimos el evento de Entre Amigas Internacional. Ellos nos abrieron las puertas de su congregación y estando ahí fue donde Dios me habló mientras me preparaba para irnos a el primer día de conferencias, y me dijo "¿Sabes porque permití que hicieras Entre Amigas aquí en Panamá primeramente? porque es un evento profético, Panamá es un conector de continentes y Entre Amigas llegará a todos los continentes."

Guau, ese evento marcó mi vida. La humildad de la Pastora Judith y su amado esposo, el Pastor Gil, ahora presidente de la Alianza Evangélica de Panamá. La pastora Judith también lidera el ministerio de mujeres a nivel nacional e internacional. Junto a su amado esposo viajan por todo Panamá y otros lugares del mundo llevando la Palabra a través de conferencias, eventos, marchas, y reuniones que unen a los Pastores, congregaciones y líderes para hacer la diferencia y luchar por los derechos que representan el evangelio sano y transformador. Su ministerio ha tocado no solamente la comunidad cristiana, sino las esferas del gobierno de Panamá. Le amo en el Señor y les deseo mucho éxito.

SEGUNDA
HISTORIA

FIRMES ENTRE EL CAOS Y EL PROPÓSITO

Gerriane Marra
Taunton, MA

2

FIRMES ENTRE EL CAOS Y EL PROPÓSITO

POR GERRIANE MARRA, RAYNHAM, MA

Perdonar para Alcanzar la Paz

¿Cuántas veces hemos preguntado: "¿Por qué yo, Dios?" y hemos esperado una respuesta que prometa mejorar todo, solo para oír a Dios decir: "¿Por qué no tú?". Puede que no sea la respuesta que deseamos, pero a menudo es la que necesitamos.

CUANDO te preguntes POR QUÉ, sepa esto: ¡Permaneces FIRME ENTRE el CAOS y el PROPÓSITO!

En mi propia vida, he enfrentado grandes pruebas, por decir lo menos. Cuarenta y siete años de abuso doméstico que comenzaron a la edad de tres años, ser apuñalada por mi madre, dos intentos de suicidio, agresión, palizas y violación en mi propia casa, junto con otras dificultades.

También me ha afectado profundamente el conocimiento de la persecución y tortura de aquellos en Pakistán que creen en Jesucristo, incluyendo gente que he conocido y considero amigos. Las horribles realidades del abuso, las palizas, los clavos atravesando cuerpos, ser quemados vivos... las espantosas situaciones que encontramos en la vida, de aquellos que conocemos, con quienes nos asociamos, incluso aquellos que nunca hemos conocido personalmente, ¿Cómo lidiamos con todo eso?

Altos niveles de violación, abuso, abandono, ira, odio, amargura, rabia, desobediencia y venganza se habían apoderado de mi mente, cuerpo y corazón. Simplemente no podía seguir viviendo así. Desde mis padres y hermanos hasta conocidos, gente distante e incluso extraños que han experimentado sentimientos y problemas similares... ¿qué queda para la sanación?

Se llama GRACIA

La conclusión es que debemos ¡RENDIRNOS y PERDONAR! El perdón es una píldora difícil de tragar, al menos lo fue para mí. Mi naturaleza humana instintivamente quería tomar represalias, desquitarse, infligir alguna forma de retribución dañina, un papel que no nos corresponde desempeñar. La gente puede ser terrible, egoísta y cruel, pero aun así estamos llamados a darles una oportunidad... se llama GRACIA.

La misma GRACIA que Dios nos ha dado y continúa dándonos. No somos Dios, pero se nos manda actuar en consecuencia en este mundo difícil. Darle una oportunidad a la gente... a veces puede sorprenderte.

También debemos entender que la FALTA DE PERDÓN nos mantiene como rehenes. Aprisiona nuestros pensamientos, nuestras acciones e incluso nuestra salud. Sin que lo sepamos, nos invade como una enfermedad silenciosa, extendiéndose de adentro hacia afuera.

Caminamos con amargura, celos, abandono, ira, odio y una maraña de otras emociones negativas. Incluso cuando creemos que nos hemos desenredado de nuestras situaciones y hemos resuelto los asuntos, la animosidad que albergamos solo empeora las cosas, permitiendo que la infección se agrave y se extienda por dentro.

Sé que la FALTA DE PERDÓN es una fuerza espiritual persistente que constantemente nos atormenta, alejándonos aún más de nuestra relación con Dios. El enemigo busca robar nuestra herencia.

Una verdad a la que me aferro es que el PERDÓN es para mí, no para quien me ofendió. Perdona a otros, no porque lo merezcan, sino porque tú mereces paz.

De lo que me di cuenta es que el PERDÓN es una ELECCIÓN, sino que es una ¡DECISIÓN DE MI VOLUNTAD! ¡NO ES UNA EMOCIÓN! No es que no pueda perdonar; es que no quiero.

Cuántas lágrimas derramé por mi desobediencia, porque Dios nunca me pidió que lo perdonara a Él, ya que yo fui quien lo ofendió. ¡Qué atrevimiento!

> *Todo lo que sientes es la ofensa que le hiciste a Dios. ¡Dios es a QUIEN desobedeciste!*

Incluso en las muchas veces que le pedí a Dios que me quitara este dolor, que me guiara en cómo quería librarme de esta ENFERMEDAD que atacaba mi cuerpo, mi enfoque debería haber sido en "Él, no yo".

Dejé la puerta abierta a ataques espirituales, emocionales, mentales e incluso físicos a través de mis propias malas acciones, elecciones y voluntad, no la Suya.

DIOS NUNCA se opondrá a la voluntad del hombre. La falta de perdón puede tener un costo severo en tu cuerpo físico. Soy prueba viviente de eso. El amor de Dios es sacrificial. Como dice en 1 Juan 4:10:

> *"En esto consiste el amor: no en que nosotros hayamos amado a Dios, sino en que él nos amó a nosotros y envió a su Hijo como sacrificio expiatorio por nuestros pecados".* Y Romanos 8:1 declara: *"Ahora, pues, ninguna condenación hay para los que están en Cristo Jesús, los que no andan conforme a la carne, sino conforme al Espíritu".*

¡NINGUNA condenación, es decir, NUNCA! Ningún veredicto de culpabilidad, ningún castigo que debamos soportar. ¿POR QUÉ?

Porque NOSOTROS hemos ofendido a Dios, entonces, ¿quiénes somos NOSOTROS para no perdonar a los demás? Lo que hemos hecho contra Dios podría ser imperdonable.

La culpa, la vergüenza, la amargura, la ira y otras emociones tóxicas no son espíritus con los que debamos estar en contacto o comunicación. Debemos servir a Dios.

Es nuestra desobediencia y falta de voluntad para avanzar lo que nos mantiene cautivos, impidiendo que Dios nos escuche a nosotros o a nuestras oraciones.

Mientras sirvas a esos espíritus negativos, permanecerás atado. No podemos servir a dos señores. Solo a través de la obediencia, la fe en la Palabra de Dios, no aferrarnos a heridas pasadas y confiar en Dios, se pueden romper esas cadenas.

A menudo vamos en contra de todo lo que Dios nos dice en Su Palabra acerca de quiénes somos. ¿Con quién has estado conversando? ¿Qué voz o voces estás escuchando? ¿A qué informe le crees? Tú tienes la ELECCIÓN. Tú tienes la DECISIÓN. Es tu VOLUNTAD... ¡PERDONA! ¡CAMINA HACIA TU PAZ! ¡RENUÉVATE! ¡SUELTA Y CRECE! ¡LIBERACIÓN PARA LA PAZ!

Hagamos esta oración en voz alta,

Amado Dios,
    Acepto tu perdón y ya no me aferro a las malas acciones del pasado. Gracias, Jesús, por traer hombres y mujeres piadosos a mi vida, quienes han sido peldaños en medio de los tropiezos que he experimentado, para ayudarme, aconsejarme, orar por mí y guiarme a través de estas cargas. Gracias, Jesús, por perdonarme ahora por la elección de mi voluntad. Elijo perdonar a todos los que me han herido de muchas maneras. Los perdono y los entrego a Ti. Maestro, ordeno a todo espíritu maligno que se ha aprovechado de mí que me deje ahora en el Nombre de Jesús. Me libero, por la elección de mi voluntad, de ser una víctima retenida en la esclavitud de estas malas acciones por más tiempo. Declaro mi libertad de todo resentimiento, ira, amargura, vergüenza, culpa, abandono, celos, depresión y cual-

quier otra cosa que me hayas mostrado en mi camino de sanación. Sana mis recuerdos y mi corazón roto por el mal que se me ha hecho, y deja que cualquier parte rota de mi alma se vaya ahora mientras te entrego todo a Ti, Señor, para la restauración. Suelto todo esto mientras te agradezco que tus virtudes sanadoras fluyan por todo mi cuerpo, mente y espíritu al recibir Tu amor. En Tu Precioso Nombre, oro. Porque TÚ NO ME DEBES NADA, PERO YO TE DEBO TODO Y TE AGRADEZCO. AMEN.

Conozcamos más de Gerriane Marra

GERRIANE ES una mujer de fe, apasionada por todo lo que emprende en la obra del Señor. A pesar de sus limitaciones físicas, he sido testigo de su increíble entrega. Entre muchos de los servicios que ha ofrecido en su comunidad, por muchos años, ella fue la mente maestra y el motor detrás del éxito de un "food pantry" (despensa de alimentos) en la ciudad de Taunton, sirviendo a la comunidad con dedicación.

Además, Gerriane fue voluntaria por muchos años en programas como el YMCA en la ciudad de Taunton, y enseñaba a niños después de horas escolares, compartiendo generosamente su talento y conocimientos. También dedicaba su tiempo a su iglesia local, en diferentes áreas y ministerios, siempre entregándolo todo sin esperar nada a cambio.

Gracias, Gerriane, por tus hermosas palabras y por compartir parte de tu testimonio. Pronto ella estará lanzando su libro donde nos cuenta como ha podido superar una vida de sufrimiento y dolor y cambiarlo por un corazón de gratitud.

Entre Amigas

TERCERA HISTORIA

DIOS TRANSFORMA CORAZONES

Dinora Puello
Santo Domingo

3

DIOS TRANSFORMA CORAZONES
POR DINORA PUELLO, SANTO DOMINGO

Que la gracia y la paz de Dios bendigan abundantemente a cada persona que lea estas líneas. Que este testimonio sea de edificación para sus vidas.

El Domingo, 20 de abril de 2025, en este día, el Señor me inspira a escribir para exaltar y bendecir el nombre de Jesús. El Salmo 103:10 nos recuerda Su inmensa misericordia:

"No nos ha tratado según nuestros pecados, ni nos ha pagado conforme a nuestras iniquidades."

Estoy maravillada por la forma en que Dios extendió Su gran misericordia hacia una prima cuyo carácter era sumamente difícil y agresivo. Era una persona impenetrable e indomable, y aunque se había criado en un hogar cristiano con su madre y su tía, parecía haber experimentado un trauma que la convirtió en enemiga del mundo, especialmente de su madre, su tía, e incluso de mí. No quería saber nada de mí y les hacía una fuerte guerra a su madre y a su tía.

Tras el fallecimiento de ellas, mi prima quedó sola con su hijo. Luego, él también se marchó, dejándola sumida en una profunda depresión y aún más rebelde.

Fue entonces cuando Dios comenzó a tratar conmigo a través de videos de los siervos Yiye Ávila y Juan Carlos Harrigan, enseñándome cómo orar e interceder por nuestros familiares que están lejos del Señor.

En el año 2020, comencé a clamar a Dios con lágrimas y gemidos por mi prima, perseverando en ayunos y súplicas. Dios me hablaba cada vez más en sueños, mostrándome que el enemigo quería destruirla. Esto intensificó mi clamor y mi petición al Señor para que la libertara. En mis visiones, veía cómo los demonios intentaban llevársela.

El Señor comenzó a mostrarme las necesidades de mi prima. Había quedado muy pobre y sola. Entonces, el amor de Dios comenzó a fluir en mi corazón hacia ella, a pesar de que no sabía cómo acercarme a su vida.

Dios me abrió una puerta en el año 2020 con el nacimiento de su nieta. Ella comenzó a sonreír, y aproveché ese momento para invitarla a una iglesia cercana que acababa de abrir sus puertas. Le compartí lo que Dios me había mostrado, pero ella seguía imponente y orgullosa, con su mente encadenada. Su casa reflejaba su estado interior, llena de basura, botellas y periódicos; era una compradora compulsiva.

Comencé a profetizarle que Dios la libertaría y la bendeciría. En dos ocasiones, a las 2:00 de la madrugada, escuché la voz de Dios llamándome con urgencia a interceder por ella. Veía cómo intentaban destruirla.

En el año 2021, hice una petición urgente al Señor desde lo profundo de mi corazón: que mi prima se convirtiera a Cristo y que su único hijo conociera a su padre, quien solo lo había visitado cuando era un bebé.

Dios contestó mi oración, y a los tres meses, el 25 de mayo de 2021, apareció el padre de su hijo, y ella aceptó a Cristo con lágrimas. Una joven adolescente que predicaba hizo el llamado, y mi prima se rindió a Cristo llorando. Mi fe creció enormemente.

Poco después, su hijo descubrió que su madre estaba enferma y me informó. Pude llevarla al médico, donde le diagnosticaron cáncer de mama. Comenzamos a cuidarla; mi hermana Esther la llevaba a sus citas médicas, y Dios abrió puertas económicas para proveer para sus necesidades.

Su transformación fue extraordinaria. Comenzó a sonreír cada vez más y predicaba el evangelio a quienes la visitaban.

Ya no era la mujer agresiva que maldecía y peleaba. Pedía perdón a las personas que había ofendido. Una de sus peores enemigas daba testimonio en el vecindario de que *"Y Belice había cambiado"* y decía: *"¡Dios cambia, señores!"*

Su casa fue limpiada y restaurada, al igual que su vida. En una prueba muy difícil con su salud, ella pudo decirme: *"¡Dinorah, no te preocupes, que de esta tú y yo vamos a salir victoriosas!"*

Un día me contó que sintió la mano tierna del Señor pasar por su cabeza y sus brazos. Comenzó a aconsejarnos que no nos preocupáramos por nada, y su rostro se volvía como el de una niña.

En una ocasión, el enemigo intentó airarla, pero el Señor envió ayuda de inmediato y restauró su paz. Le pregunté si no tenía miedo de dormir sola, y ella respondió: *"No tengo miedo. El Señor me quitó el miedo, la ansiedad y la rabia. Duermo tranquila."*

Vecinos y familiares estaban asombrados de lo que estaba sucediendo. A pesar del cáncer de mama, ella daba gracias a Dios todos los días. Comenzó a orar por toda la gente que le brindaba ayuda y a dar gracias, diciendo: *"Gracias, Señor, por demostrarme tu amor. No sabía que Dios me amaba tanto. Gracias por poner personas para que me ayuden."*

Me pedía perdón cada día a mí y a las personas a su alrededor, incluyendo a su hijo. Lo más sorprendente es que no les faltó nada; todo fue abundante. No sufrió ninguna necesidad. Les decía a todos: *"¡Arrepiéntanse, Cristo viene!"* Incluso mandó a llamar a una bruja para predicarle.

Ella nos enseñó a no quejarnos de nuestras situaciones para que las cosas no se complicaran más.

Luego, Dios fue preparando mi mente. Envió pastores para ungirla con aceite. Su mente se tornó totalmente como la de una niña inocente; un nuevo nacimiento, una nueva persona.

Fue muy doloroso para mí y para mi hermana Esther, pero tuvimos el privilegio de verla partir con el Señor sin quejas, en paz, porque experimentó un nuevo nacimiento. *¡Porque Dios cambia los corazones!*

Ella fue bautizada en 2023 por sus pastores. Le doy gracias a Dios por las manos generosas y por aquellos que venían a orar con ella.

Conozcamos más de Dinora Puello

Dinora es una sierva de Dios que ha conocido y servido a Dios la mayor parte de su vida. Su testimonio intachable y con mucho amor ella predica en las calles con una bocina e intercede en oración por otros. La conocí en mi primer viaje a Santo Domingo, y su humildad y devoción a Dios impactaron mi vida de tal manera que siempre tendrá un lugar muy especial en mi corazón. Ella no busca el protagonismo, y quizás ha sido ignorada o despreciada por muchos, pero su voz e intercesión son bien conocidas en el Cielo. Cuando estuvimos en Santo Domingo tuvimos el privilegio de ir con ella a evangelizar y a orar por las personas en las calles.

Gracias, amada Dinora, por el hermoso testimonio que has compartido con nosotros. Que Dios siga usando tu vida para tocar a multitudes; aunque tu nombre no resuene en las redes sociales, sí resuena en el Trono. ¡Adelante en el Señor!

CUARTA
HISTORIA

Esta Claudia no Claudica

Claudia P. Álvarez
Lakeville, MA

4

ESTA CLAUDIA NO CLAUDICA
POR CLAUDIA PATRICIA ÁLVAREZ, LAKEVILLE, MA

Un día me prometí no claudicar. Desde entonces, me repito con fuerza y ternura: *Esta Claudia, no claudica*. Y no es solo una frase: es un acto de resistencia espiritual, de empuje vital y de confianza ciega en un Dios que nunca me ha soltado la mano, incluso cuando mis fuerzas humanas se agotaron.

Mi historia tiene un antes y un después marcados por el dolor y la transformación. En 1994, un accidente en mi columna vertebral cambió el rumbo de mi vida. Moví una cama muy pesada, y ese simple acto cotidiano desató una cadena de cirugías: cinco operaciones que me colocaron cara a cara con mis límites físicos y emocionales. Yo tenía sueños como cualquiera: anhelaba formar un hogar hermoso, lleno de amor, y cuando me casé por primera vez sentí que era más de lo que había imaginado.

Los médicos me advirtieron que un embarazo sería un riesgo muy alto. Pero Dios, en su perfecta soberanía, me regaló a mi hija Verónica. Ella llegó como luz, como promesa, como motor.

Sin embargo, un día ese castillo se derrumbó de la forma más absurda, y con él, mi estabilidad emocional y espiritual. La pérdida fue desgarradora, y me vi obligada a reconstruirme desde los escombros. Entonces decidí levantar vuelo y traspasar fronteras.

Llegué a este país sin saber que desde la distancia me tocaría despedir a mis padres. Fue uno de los dolores más grandes que he vivido. Cuando mi madre enfermó, otra cirugía de columna me esperaba. Ella misma me suplicó que no viajara sin antes operarme. Me dijo con voz suave pero firme:

"Tranquila, hija. *Dios me va a dar fuerza para esperarte. Después de que te operen, te vienes, y ya verás que yo misma te voy a ir a recibir al aeropuerto.*" Pero ese día nunca llegó.

La cirugía se complicó, se dañó, y el mismo médico me prohibió viajar. Un mes exacto después, mi mamá partió a la presencia del Señor. No poder despedirme de ella fue un golpe indescriptible. Pero aun en ese dolor, Dios me sostuvo. Me enseñó que su presencia trasciende la distancia, que hay abrazos eternos que se dan desde la oración, que el amor no se rompe ni con la muerte.

Estar en otro país, sin hablar inglés, parecía otro muro más. ¿Cómo avanzar si ni siquiera podía comunicarme? Pero cuando Dios abre puertas, no hay idioma que cierre su propósito. Comencé a trabajar en el distrito escolar de mi localidad. Recuerdo que, cuando le conté a mi familia que iba a trabajar donde nadie hablaba español, soltaron la carcajada:

"*¡Claudia Patricia, estás loca! ¿Cómo vas a trabajar allá sin hablar inglés?*" Y yo les respondí con una sonrisa: "*Pues fue Dios quien me llevó allí, entonces es problema de Él resolverlo.*"

Hoy, diez años después, sigo en el mismo lugar. He hallado gracia delante de mis compañeros y, lo más bello, trabajo con el departamento de educación especial. Esa experiencia me ha transformado. Me ha hecho más humana, más empática, más sensible. Y mucho más llena de fe.

En el camino, también llegó nuevamente el amor. Contraje matrimonio con un hombre maravilloso, para quien hoy 20 años después, sigo siendo su reina. Nació mi hijo Alejandro, y junto a su hermana Verónica, se convirtieron en el eje de mi vida. Mi esposo y yo nos llamamos el *Team de Hierro*. Juntos hemos enfrentado dos derrames cerebrales que él sufrió, y hoy más que nunca puedo decir: me siento fuerte, renovada, decidida. Dios ha sido fiel.

Tenía el material de mis libros guardado por años, esperando el momento correcto. Un día entendí que esa era la forma como Dios quería usarme, y nacieron mis libros: *No hay nada mejor que hacer el amor con el amor* y *Benditas sábanas blancas*. El primero nace de ver cómo las parejas se destruyen buscando afuera lo que ya tienen en casa. El segundo, de comprender que muchas parejas se privan de disfrutar de su intimidad solo por el analfabetismo sexual, sin saber que sus cuerpos también son bendición.

También tenía un sueño académico profundo: llegar al último escalón. El doctorado. Hoy, por la gracia de Dios, ese anhelo también se cumple. Estoy culminando mi grado doctoral, como testimonio de que el dolor no te detiene cuando la fe es más grande que el miedo.

Incluso los miedos más pequeños, como conducir por las autopistas, fueron transformados. Antes me paralizaban. Hoy, me siento Fórmula 1. El susto se fue de la forma más milagrosa: como se va la noche cuando el sol se impone.

Hoy lo grito con fuerza y con gratitud: *Esta Claudia, no claudica.*

Y no lo digo para engrandecerme, sino para darle la gloria a ese Dios que me ha restaurado, sostenido y levantado cada día de mi vida.

Conozcamos más de Claudia P. Álvarez

CLAUDIA PATRICIA ÁLVAREZ es una mujer casada y madre de dos hijos, Doctora en Psicología y Sexología. Ella ha caminado en su fe cristiana por más de cuarenta años. Actualmente, se congrega en la Comunidad Cristiana CCC, donde continúa sirviendo con amor, convicción y entrega. Como conferencista y tallerista, Claudia acompaña a parejas en procesos de restauración y crecimiento. Lo hace desde una visión integral que une la ciencia psicológica y la fe, promoviendo la plenitud emocional, sexual y espiritual.

Es autora de varios libros, entre ellos "Benditas Sábanas Blancas", una obra que fue aceptada como tesis doctoral y publicada por JDN PUBLICATIONS. Hoy, participa como coautora del libro *Entre Amigas: Historias del Alma que Inspiran e Impactan*, reafirmando su compromiso con la sanidad interior, la fe y el amor que transforman vidas.

Claudia, una amiga a quien admiro, una mujer guerrera y una profesional en todo lo que hace, fue una de las primeras personas a quienes conocí aquí en la ciudad donde vivo cuando llegué por primera vez. Juntas hemos trabajado para la comunidad y aportado nuestro granito de arena en diferentes áreas de liderazgo. Gracias por ser de tanta bendición.

QUINTA
HISTORIA

EL AMOR Y LA PROTECCIÓN DIVINA

Judian Bartolomey
New Bedford, MA

5

EL AMOR Y PROTECCIÓN DIVINA
POR JUDIAN BARTOLOMEY, NEW BEDFORD, MA

Desde antes de mi nacimiento, Dios me tenía cubierta con su amor y su propósito. A la edad de 12 años, mi madre quedó embarazada, en su desesperación, pensó en abortarme. Pero Dios tenía un plan para mí y me guardó en el vientre de mi madre.

Ahora, como adulta, comprendo mejor su situación: ella era apenas una niña, con cuerpo de adulta, pero con una mente joven, enfrentando circunstancias difíciles. Mi madre también cargaba con heridas profundas. Cuando ella nació, su propia madre la abandonó en una caja de guineos para que alguien la recogiera.

Pero Dios envió a una mujer bondadosa que la rescató, la cuidó y llegó a ser su madrina. Viendo nuestra historia, sé que las maldiciones generacionales existen, pero solo pueden romperse buscando de Dios, quien transforma nuestras vidas.

La infancia fue muy difícil. Mi madre emigró a Estados Unidos y mis hermanas y yo quedamos al cuidado de nuestra bisabuela, quien, aunque no era cristiana, pero aun así nos enseñó buenos valores. Ella decía: "Donde comen uno, comen diez," y aunque había escasez, siempre ayudaba a quienes tenían necesidad, confiando en que Dios proveería.

A pesar de momentos de soledad y abandono, encontré consuelo en Dios. Me preguntaba: "¿Eres real?" porque yo necesitaba sentir el amor de un padre. Mi refugio fueron mis conversaciones con Él, escribiéndole en una libreta sentada detrás de la puerta del baño. A los 10 años, acepté a Cristo en mi corazón.

Aunque enfrenté oposición, aprendí que la oración y el ayuno rompen cadenas y que Dios tiene más poder que cualquier adversidad. Dios fue mi refugio y mi fortaleza cuando enfrenté desprecio, abuso y tentaciones en un entorno difícil. Él me protegió y me guió, como dice su palabra en Salmos 46:1

> "Dios es nuestro refugio y nuestra fortaleza, nuestra ayuda segura en momentos de angustia."

A pesar de vivir rodeada de prácticas dañinas, yo decidí seguir a Cristo. Los jóvenes que compraban drogas me cuestionaban por qué mi familia vendía lo que yo les aconsejaba no consumir. Les decía que había un camino mejor, que podían cambiar, porque Juan 8:36 dice:

> "Así que, si el Hijo los libera, serán verdaderamente libres."

Los tiempos difíciles no cesaron. Hubo escasez extrema, tanto que mi bisabuela partía una manzana en 12 pedazos para compartirla entre nosotros. Nuestra casa se incendió y no teníamos nada. Nos refugiábamos donde pudimos, pero a pesar de todo, Dios tenía un propósito mayor.

En medio de la desesperación, aprendí que las pruebas no duran para siempre y que Dios siempre está obrando en nuestra historia. Cuando llegué a Estados Unidos a los 17 años, las peleas con mi mamá eran constantes. Hasta que un día, el 31 de diciembre, decidí orar a Dios con todas mis fuerzas, pidiéndole paz entre nosotras. Ese mismo día, en medio de un intento de discusión, le dije: "Lo siento, pero ya no voy a pelear contigo más. La batalla no es nuestra, sino del Señor." Y Dios escuchó mi oración.

Comprendí que no debemos enfocarnos en el enemigo, sino en Dios, porque Romanos 8:37 nos asegura: "En todas estas cosas somos más que vencedores por medio de aquel que nos amó.

Hoy sé que Dios es mi refugio, mi fortaleza y mi mejor amigo. He aprendido a confiar en Él en todo tiempo en las pruebas y en la alegría. Su amor nunca falla, y la oración nos conecta con el Padre, el Hijo y el Espíritu Santo.

Salmos 91:1-2 declara:

> "El que habita al abrigo del Altísimo morará bajo la sombra del Todopoderoso. Diré yo al Señor: Esperanza y castillo míos; mi Dios, en quien confiaré."

Las pruebas vienen, pero no duran para siempre. Dios nos da la victoria si decidimos poner nuestra fe en Él. Espero que esta versión de tu historia refleje fielmente tu testimonio y el amor de Dios en tu vida. Que el Señor continúe bendiciéndote y guiándote en su propósito.

"Hoy puedo decir con todo mi corazón que mi Dios es fiel. Me ha dado una hermosa familia, un maravilloso esposo y cuatro hijos, con quienes caminamos juntos de la mano de Dios. Si aún no has dado el paso de fe o no conoces a Dios, espero que mi historia te ayude a saber que, si Él pudo conmigo, también podrá contigo. No sigas culpándote por tu pasado; ven a Él, pues tiene la solución a todos tus problemas, preguntas y angustias. Su amor es verdadero, y puedes poner tu vida en sus manos para que el Espíritu Santo toque tu corazón y puedas tener una relación personal con Jesús.

Como dice la Escritura:

> "Echando toda vuestra ansiedad sobre él, porque él tiene cuidado de vosotros." (1 Pedro 5:7)

> "De modo que, si alguno está en Cristo, nueva criatura es; las cosas viejas pasaron; he aquí todas son hechas nuevas." (2 Corintios 5:17)

Conozcamos más de Judian Bartolomey.

JUDIAN ES un ejemplo de resiliencia y dedicación a su hogar, su esposo e hijos a quienes ama con todo su corazón. Siempre dispuesta a servir, y quien ha sido de gran apoyo para diversos ministerios y su iglesia local, incluyendo un valioso soporte al Ministerio Internacional Entre Amigas. De hecho, ella viajó con nosotras a Colombia cuando llevamos "Entre Amigas" a Monte Líbano, y se unió a nuestro ministerio la primera vez que celebramos la conferencia de Entre Amigas en Taunton, MA.

Judian, gracias por tu poderoso testimonio que nos revela el propósito de Dios en una vida y Su inquebrantable protección divina. Esperamos que esta oportunidad te impulse a escribir más; es evidente que, cuando Dios tiene un propósito con alguien, la cuida con esmero. Gracias por tu valiosa contribución a este libro, compartiéndonos tu historia. ¡Adelante en el Señor!

Erica V. Figueroa
Dartmouth, MA

Sexta
HISTORIA

Sentimiento de Impotencia Maternal, y Como Vencerla

Entre Amigas

6
SENTIMIENTO DE IMPOTENCIA MATERNAL, Y COMO VENCERLA
POR ERICA V. FIGUEROA, DARTMOUTH, MA

Quisiera comenzar definiendo el término "impotencia". Según la Real Academia Española, su significado se refiere a la falta de poder para realizar algo. Esta palabra también se puede asociar con la imposibilidad o incapacidad de llevar a cabo una acción.

Cuando la vinculamos con un concepto tan profundo como la maternidad, la "impotencia maternal" puede entenderse como la incapacidad o imposibilidad de ejercer plenamente las responsabilidades de una madre, o la falta de poder para cambiar las circunstancias, retos y dificultades que acompañan esta labor.

Una vez analizando de cerca la temática que presento pude definirla como esa profunda lucha interna que una madre enfrenta cuando, a pesar de su amor incondicional y sus esfuerzos incansables, hay situaciones que simplemente con sus fuerzas no puede cambiar. Siendo esta una sensación que muchas madres enfrentan en diferentes momentos de su vida, cuando, a pesar de su amor y dedicación, las circunstancias escapan de su control y les impiden ofrecer lo que desearían o necesiten sus hijos.

La impotencia maternal no tiene nada que ver con la falta de responsabilidad, sino con la profunda complejidad emocional que conlleva la maternidad. Es ese cúmulo de amor inmenso, compromiso inquebrantable y circunstancias externas que, en ocasiones, escapan del control de una madre, generando una sensación de impotencia.

Te cuento que desde el instante en que sostuve a mis hijos en mis brazos por primera vez, su llegada iluminó mi corazón con una alegría indescriptible, una dicha que parecía desbordarse en cada latido. Celebré cada etapa de su crecimiento, atesorando los momentos de felicidad y enfrentando con valentía aquellos en los que las lágrimas eran inevitables. Fue en ese viaje donde comprendí, en toda su profundidad, el verdadero significado del amor Maternal.

Siempre supe que llegaría el día en que emprenderían su propio camino, explorando nuevas sendas en la vida. Juntos soñamos en grande y enfrentamos desafíos que parecían insuperables. Hubo momentos de escasez, de hambre y de incertidumbre ante un hogar inestable.

Fueron pruebas difíciles, pero dentro de mi ser había una fuerza que siempre me impulso a proteger, cobijar y guiar a mis hijos con el amor más puro e inquebrantable.

Sin embargo, dentro de esa determinante fortaleza, también existe una batalla interna: "la impotencia". Esa sensación que, en ocasiones, nos debilita y nos hace cuestionar cada paso, cada decisión que tomamos en la crianza de nuestros hijos. Luchamos contra nuestras propias dudas, contra el temor de no estar haciendo lo suficiente, de no estar haciéndolo bien. Y, como si fuera poco, debemos enfrentar al implacable gigante de "El qué dirán", esa sombra que nos persigue y que nos obliga a sobre analizar nuestras acciones, preguntándonos si realmente estamos cumpliendo con nuestro rol de la manera correcta.

En los momentos en que la impotencia maternal nos invade, cuando sentimos que nuestras fuerzas no son suficientes y que las circunstancias escapan de nuestro control, es ahí donde debemos acudir a alguien mayor, a un refugio que nos brinde paz y dirección.

En mi caso, ese refugio es Dios, soberano y poderoso, quien no solo cuida de mis hijos, sino que también me concede la sabiduría para guiarlos con amor y propósito.

Él nos da las herramientas para formar en ellos la capacidad de tomar decisiones con discernimiento, decisiones que los conduzcan, antes que nada, a una vida agradable a Dios, pero también a una existencia saludable en todos los aspectos. No una vida perfecta, porque la perfección es inalcanzable, sino una vida estable, que les permita afrontar los desafíos con firmeza y disfrutar de una verdadera calidad de vida.

Nos acostumbramos a escuchar "la maternidad es un camino sin manuales", pero si un rol que asumimos con amor, que muchas en muchas acciones también vienen acompañado con incertidumbre. Nos preparamos para nutrir, educar y proteger a nuestros hijos, pero nunca estamos completamente listas para los desafíos inesperados que pueden surgir. ¿Qué hacer cuando la rebeldía de un hijo se convierte en un factor dominante en casa? ¿Cuándo nuestros hijos enfrentan batallas internas con su salud mental, luchan contra discapacidades o limitaciones físicas? ¿Cómo manejar el dolor de verlos caer en la autodestrucción a través de las drogas, el alcohol o relaciones dañinas?

Y aún más desgarrador, ¿cómo consolar a un hijo que cada día se enfrenta a una gran batalla con su identidad, que no soporta el reflejo que ve en el espejo, que se aferra a sus defectos y no logra reconocer su propia luz? ¿Cómo responder a la enorme demanda que la vida impone sobre ellos, sobre nosotros como madres?

Una madre que se cobija bajo la sombra del omnipotente se siente segura, encuentra la verdadera sabiduría. Dios es la guía que ilumina su entendimiento y provee las palabras correctas para ayudar a nuestros hijos a descubrir su identidad en Él. Cuando una madre busca refugio en Dios desarrolla una sabiduría mayor, capaz de enseñarles a amarse a sí mismos, porque ella misma ha entendido que Dios nos amó primero y esto le da la capacidad para comprender el amor infinito que Dios tiene para la humanidad, alejándolos de la autodestrucción y llevándolos hacia un lugar de amor propio y aceptación, como seres únicos creados por Dios.

Hemos sido llamadas a vencer el dolor silencioso te hablo del dolor de querer proteger, sanar, guiar o salvar a un hijo, pero sentir que las circunstancias están fuera de nuestro control., es un peso que oprime el corazón. En Medio de esto he preocupado mantener una esperanza que nunca se extingue: El anhelo de ver a un hijo libre del vicio de las drogas, de aquello que ha engañado su mente, encadenándolo a una dependencia que ha adormecido su ser. Ya no ve su propia grandeza, su propósito, su luz. Para la madre que enfrenta esta batalla día tras día, la impotencia puede consumirla. El desgaste físico, mental y espiritual es profundo, pues en su amor inquebrantable intenta, con todas sus fuerzas, romper los círculos viciosos que aprisionan a su hijo/a. Pero cuando las fuerzas humanas no alcanzan, cuando las estrategias fallan y el corazón se tambalea, el único refugio verdadero es Dios.

La Biblia, palabra de Dios, nos da un ejemplo conmovedor en la historia de Agar y su hijo Ismael nos muestra el corazón de una madre que, en su angustia, tuvo que mirar de lejos el sufrimiento de su hijo bajo la amenaza de un entorno de peligro como resultado de las temperaturas y escasez en el desierto. En su desesperación, clamó a Dios, y Él respondió, rescatando a Ismael y asegurándole un futuro prometedor. Esto es un recordatorio de que, aunque veamos a nuestros hijos enfrentar retos y peligros, Dios siempre está presente, mirando cada circunstancia y extendiendo su mano de salvación, trayendo paz al corazón de una madre.

También la palabra de Dios nos habla de la viuda de Sarepta, quien en un momento de desesperación y escasez se enfrentó a la impotencia de no tener lo suficiente para alimentar a su hijo, sintiendo un gran peso y la incertidumbre de cómo enfrentaría estas circunstancias. Sin embargo, esta mujer confió en Dios y, al obedecer Su palabra a través del profeta Elías, vio el milagro de la provisión en su hogar. Pero la prueba no terminó ahí. Cuando su hijo cayó gravemente enfermo y murió, su corazón se llenó de dolor y angustia, sin poder hacer nada para salvarlo. No obstante, al clamar a Dios, presenció la restauración más grande: su hijo fue resucitado.

Las historias de estas dos madres nos muestran que, por más

abrumadora que sea la desesperación, Dios siempre extiende Su mano. Ellas hallaron en Él fortaleza y provisión para seguir adelante, y de la misma manera, tú, madre que lees esto, puedes vencer cada día el desafío de la impotencia. No estás sola en esta batalla; juntas la venceremos con pasos firmes en la fe: He aquí algunos ejemplos de cómo podemos vencer la impotencia maternal:

Clamando a Dios en medio de la angustia, entregándole todo dolor, sabiendo que Él escucha y responde.

Dependiendo de Su provisión, confiando en que Él sustentará cada necesidad, porque Su fidelidad es inquebrantable.

No dejándonos vencer por el miedo, porque el temor paraliza, pero la fe nos impulsa a confiar en el propósito divino para nuestros hijos. El Perfecto amor de Dios echa fuera el temor.

Manteniendo el carácter de Cristo, cultivando amor, paciencia y templanza para guiarlos con sabiduría, aun en los momentos más difíciles.

Afirmándonos en el dominio propio ante circunstancias que suelen sacudirnos y crear en nosotras caos emocional.

Aguardando la esperanza en Dios, aferrándonos a la certeza de que Él tiene el poder de transformar, sanar y restaurar a nuestros hijos, incluso cuando todo parece perdido.

Atrévete a enfrentar los retos, abraza cada etapa en la trayectoria de ser madre y recuerda que no se trata de ser una madre perfecta, sino de ser una madre presente, que confíe en la fidelidad de Dios y refleje el carácter de Dios aun en las circunstancias más difíciles.

Por Erica V. Figueroa

Conozcamos más de Erica V. Figueroa.

ERICA V. Figueroa nació en Villalba, Puerto Rico, el 16 de abril de 1975. Cursó su adolescencia en Coto Laurel, Ponce, Puerto Rico, y completó parte de su educación secundaria en Rochester, Nueva York. En 2011, obtuvo su Bachillerato en Pedagogía en la Universidad Interamericana en Puerto Rico. Como creyente, asistió al Instituto Bíblico en Massachusetts como parte de su formación ministerial. Actualmente, reside en Dartmouth, Massachusetts, junto a su esposo, José.

Erica posee una destacada trayectoria en el trabajo social y apoyo familiar. Trabajó durante cinco años con familias vulnerables como visitadora domiciliaria en el programa Early Head Start. Durante los últimos nueve años, se ha desempeñado como trabajadora social de salud mental para niños y adolescentes con trastornos emocionales. Es miembro activo de la Iglesia Corona de Vida, INC. en Fall River, Massachusetts, y una creyente fiel del Evangelio de Cristo. Sus pasatiempos incluyen la lectura, disfrutar de sus mascotas, los paseos por la naturaleza y compartir tiempo con sus nietos.

Motivada por su sueño literario, Erica contactó a JDN, quien la animó y aconsejó, vislumbrando el potencial de su historia. Así fue como se unió a JDN y se convirtió en autora, cumpliendo su meta con su primer libro, "Me Tocó Vivir", publicado por JDN PUBLICATIONS.

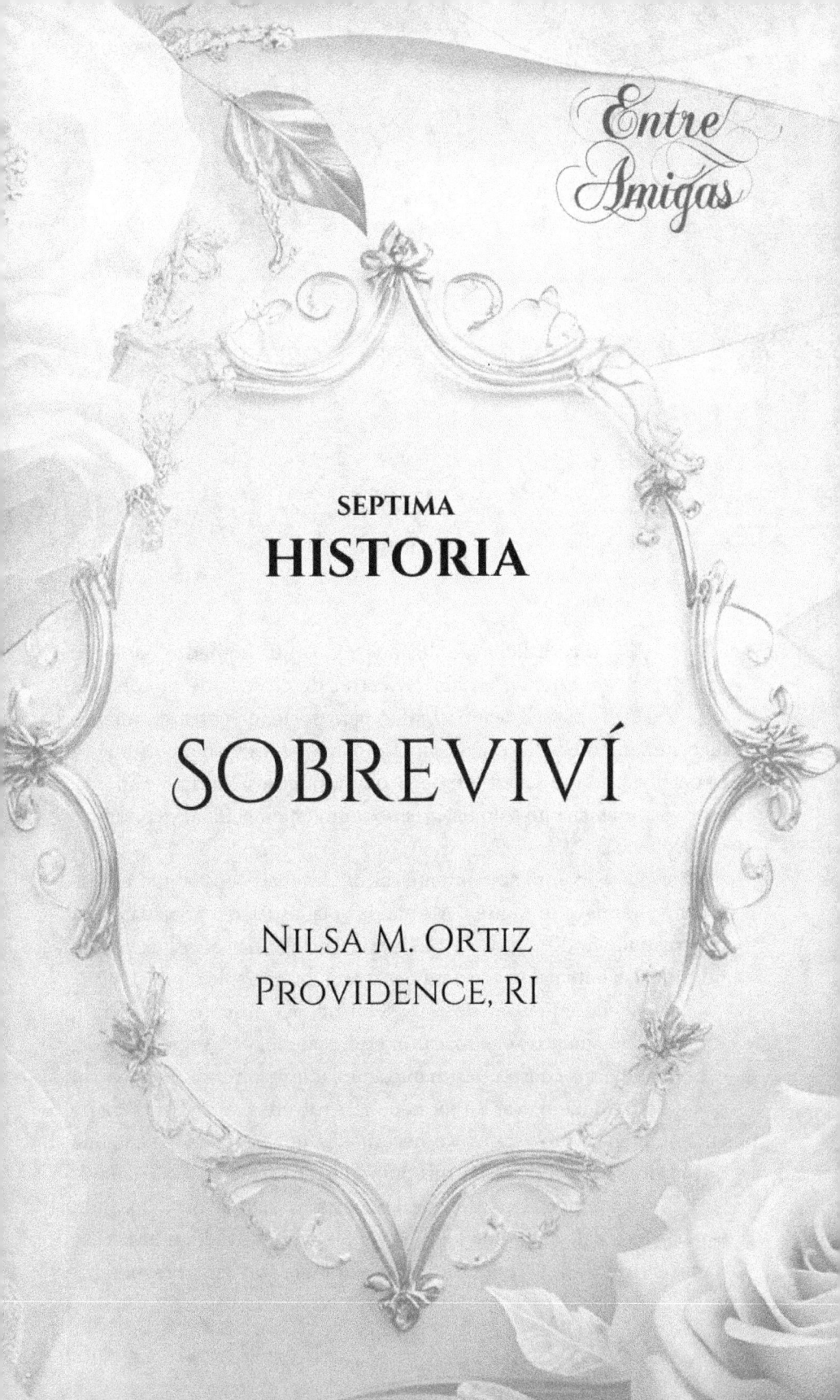

SÉPTIMA
HISTORIA

SOBREVIVÍ

Nilsa M. Ortiz
Providence, RI

7

SOBREVIVÍ...

POR NILSA MINELLYS ORTIZ, PROVIDENCE, RI

Me casé llena de ilusiones, y lo que comenzó como un sueño, en un abrir y cerrar de ojos, se desmoronó. Es una sensación similar para sostener entre tus manos algo sumamente valioso y frágil, solo para que un viento abrumador lo derribe y lo rompa en mil pedazos. La puerta se abrió, y con ella, entró la violencia: no solo física, sino también emocional, económica y psicológica.

Era un momento sumamente duro. Llevaba poco tiempo en ese lugar, sin amigos ni familia. Me sentía sola, asustada, enojada, llena de frustración. El orgullo roto gritaba más fuerte, y un miedo profundo se había aferrado a mi ser; temblaba con solo oír su voz.

Una noche, mientras dormía, sentí un peso oscuro y malicioso sobre mí. Sus manos se enroscaron en mi cuello, y el aire comenzó a escaparse de mi cuerpo. Mi mente, nublada y confusa, luchaba sin cesar. Solo podía pensar en mi hija: "¿La volveré a ver? ¿Qué será de ella? ¿Quién la protegerá? Me necesita, es tan pequeña". A medida que el aire salía sin regreso y mis pulmones se vaciaban, me desmayé.

En ese momento, pensé que la suerte estuvo de mi lado, pues estaba alejada de Dios y no lograba ver Su mano salvadora. "¿Me casé para servirle a Él, y ahora Su siervo me maltrata?", me preguntaba.

Nadie me creería. Él era "el varón de Dios", y yo, la recién llegada a una congregación donde nadie me conocía.

En aquella batalla, él creyó haber ganado; me dejó allí, tirada, sin respirar, dándome por muerta. Pero de alguna forma milagrosa, un hilo de aire se coló en mis adoloridos pulmones, y pude volver a respirar. Lloré intensamente y corrí a ver a mi niña. Estaba dormida, sin darse cuenta de nada. Gracias a Dios por eso. Quería salir corriendo sin parar, dejarlo todo atrás, pero ¿a dónde? ¿Con quién?

Era una incertidumbre total. En ese momento, ni siquiera me sentía capaz de cuidar a mi hija. No podía decirle nada a mi familia, que estaba tan lejos. Siempre sentí culpa, y creía que mi familia me culparía y me señalaría por ser "mala madre" y "mala mujer". Me sentía sucia, frágil y sin fuerzas, igual que en los momentos en que me violaba. Temía que regresara a atacarme de nuevo.

Cuando llegó del trabajo, como si nada hubiera pasado, todo mi ser temblaba. Él me trajo flores, chocolates y comida. Me armé de valor para sobrevivir unos días más, mientras planificaba cómo escapar. No había nada que me detuviera en ese lugar donde había sido tan ultrajada en todos los sentidos.

Con la ayuda de una agencia local dedicada a auxiliar a víctimas de violencia doméstica, tomé lo que pude y me fui de esa casa a donde jamás me encontraría. Dios me escondió entre Sus manos, y no me encontró hasta hoy. Me he reconciliado y me he enamorado de mi Dios nuevamente.

Conozcamos más de Nilsa Ortiz

Nilsa hizo su debut como escritora al compartir su poderoso testimonio en el libro publicado por Edna L Isaac y Elizabeth Puello, de JDN titulado "El Silencio No Funciona", una obra que aborda directamente la violencia doméstica. Si deseas leer su historia, allí nos comparte cómo sobrevivió a dos duras pruebas y salió adelante.

Hoy, esa tragedia se ha convertido en una ventaja transformadora. Nilsa dedica su vida a ayudar a mujeres e individuos que atraviesan diversas situaciones difíciles, trabajando como Agente Comunitaria de la Salud Mental. Además posee un hermoso talento de tejer y sus piezas, desde carteras, hasta ropas son hermosas.

Gracias, Nilsa, por compartir nuevamente tu corazón con nosotros y por tu servicio en la comunidad.

OCTAVA
HISTORIA

EL
ENTRENAMIENTO

Elizabeth Walcott
Chicago, IL

8

EL ENTRENAMIENTO
POR ELIZABETH WALCOTT, CHICAGO, IL

El entrenamiento es una base fundamental para todo cristiano. Jesús mismo dedicó tiempo a entrenar a sus discípulos acerca del Reino de la luz y el reino de las tinieblas. Cada elemento creado tiene un origen, y el mundo, aunque tenga un principio, se encamina hacia un final o una restauración. El creyente, aquel que se identifica como cristiano, necesita ser continuamente entrenado por el Espíritu Santo.

La misión ministerial es otra parte vital de nuestra existencia. Cada iglesia está instituida con un propósito divino. La pregunta es: ¿Cuál es el tuyo? Cada ser humano, creado por Dios, posee un propósito único. El llamado ministerial es apenas el comienzo de la misión que Dios te confía aquí en la Tierra, usándote como Su instrumento. Existen misiones unitarias (de la iglesia como cuerpo) y una misión personal. Pero ¿cuál es la tuya? Después de que Dios te imparte Sus dones y te llama, ¿qué más hay que hacer?

El entrenamiento real comienza cuando le entregas tu vida a Jesús. Los milagros del pasado son solo una manifestación del poder de Dios. Sin embargo, las manifestaciones de la iglesia, como una entidad unificada, son de alcance regional y global y tienen una influencia espontánea y perpetua. Esto significa que, si tu iglesia se está edificando únicamente de forma interna, ¿estás solo impactando a los de adentro? ¿Dónde están tus misioneros? ¿Dónde están tus evangelistas? Los ministerios deben ser apoyados y educados para trascender las cuatro paredes del templo, de manera continua, para que el poder de Dios se manifieste plenamente. Como pastor, es tu deber apoyar a aquellos hermanos y hermanas que son misioneros o evangelistas, para que la Iglesia de Cristo siga creciendo. La civilización occidental actual ha creado una mentalidad local, centrada solo en impactar a nivel ministerial pastoral y obispal. Pero ¿qué ocurre con los demás ministerios y dones?

Cada persona tiene un llamado principal: llevar el evangelio a todas las naciones. Más allá de ser pastor, ¿cuál es tu llamado personal en esta gran comisión que nos ha sido dada a todos? No es que debas dejar el pastorado, sino que la Gran Comisión es para cada uno de nosotros. ¿Estás viviendo eso?

¿Cuál es la visión del Padre para tu vida? ¿Cuál es la misión del Padre pertinente a ti? ¿La estamos cumpliendo?

¿Desde cuándo hemos dejado de crecer en los dones espirituales de Dios? Hoy, el Señor ponía en mi corazón ministrar acerca de nuestro amor hacia Él. No se trata del ministerio ni de los dones, sino de amarlo más a Él que a todas las cosas; de pasar tiempo con Él, de enamorarnos más del Espíritu Santo.

Mientras orábamos, sentimos que debíamos prolongar nuestro tiempo de oración porque tocamos un tema crucial: el tiempo con Dios y que Él sea lo más importante para nosotros. Enamórate más de pasar tiempo en Su presencia.

Quiero compartir contigo algo que creo que es muy importante y esencial para todos los hijos de Dios.

Él (Jehová) Lo Dijo y Lo Hizo

Cuando el hombre y la mujer pecaron en el Edén, Dios le dijo a la mujer que su simiente heriría al enemigo en la cabeza y que la serpiente le heriría el calcañar, ¡y así fue! Cuando Dios habló a Moisés sobre sacar a Su pueblo de Egipto y darles una tierra que fluía leche y miel, ¡así fue! Cuando Dios le dijo a Josué que tomaría la tierra y que las murallas de Jericó caerían para que Su pueblo poseyera la tierra, ¡así fue! El profeta Isaías profetizó acerca de nuestro Salvador y cómo sería Su crucifixión, ¡y así fue! Jesús les dijo a Sus discípulos que enviaría el Espíritu Santo después de partir de ellos, ¡y así fue! Jesús también nos dijo que Él viene de nuevo, ¡y así será!

Todo lo que Dios ha hablado por medio de Sus profetas se ha cumplido. Ni una jota o tilde pasará; lo que Dios dijo, eso sucederá y lo veremos con nuestros propios ojos. Por lo tanto, ¿quién soy yo para dudar de lo que Dios ya ha dicho que va a hacer conmigo (contigo)? Hemos nacido para continuar el mandato de Dios aquí en la Tierra. La misión del Padre se va a cumplir, y tú serás un instrumento en las manos de Jehová para plantar, derribar y destruir las obras del enemigo.

Cuando veas y sientas mucha oposición, recuerda que tienes dentro de ti a Aquel que dijo "hágase" y así fue. Él nunca miente. Dios no se ha equivocado contigo. Las grandes batallas se les dan a aquellos que saben resistir. El que resiste se hace más fuerte; cuando resistes, construyes fuerza y desarrollas músculos espirituales más poderosos. Dios confía en ti, Él sabe que puede contar contigo. No importa la dificultad, Dios te ha equipado para tomar, ganar y conquistar. ¡Toma los territorios que el Padre te ha dado!

Hebreos 12:4 nos recuerda que, cuanto más resistes, más fuerza se crea dentro de tus músculos espirituales. Cuando oras y sientes que ya no puedes más, es precisamente cuando más necesitas orar, porque estás en el punto de quiebre, en el umbral de una manifestación.

> Dios quiere revelarse más en ti y usarte, pero no puede si tus músculos están débiles. Necesitas crear resistencia orando, leyendo la Palabra en meditación, resistiendo el pecado, la pereza y la conformidad. Sumérgete más en Su presencia, crea un lugar de altar donde el fuego de Dios se perciba, se sienta, para que quienes te rodean digan: "Hay algo especial en ti".

Las pruebas no son para siempre. Si estás en una prueba que parece no tener fin, entonces necesitas resistir para que puedas crear esos músculos espirituales y ser como Pablo, quien, a pesar de estar en la cárcel, fue uno de los que más escribió en el Nuevo Testamento. En tu debilidad y en tu prueba, Dios quiere glorificarse. La verdadera transformación se ve cuando estás creando resistencia. No pares en el momento en que tus músculos están siendo entrenados y rompiéndose. ¡No te detengas en medio del entrenamiento! "¡Resiste!" Sé fuerte en el poder de Su fuerza. Sigue orando hasta que Dios comience a mostrarte Su voluntad en ti y la misión que tienes aquí en la Tierra.

Conozcamos más de Elizabeth Walcott

Es una mujer apasionada por Dios y Su obra, Elizabeth Walcott cree firmemente que el plan y el diseño de Dios deben cumplirse en nuestras vidas, pues las almas necesitan cada vez más de Él. Esta es su profunda pasión por Dios y por las almas. Su vida ha sido guiada por tres pilares fundamentales: su Creador, su familia, y después todo lo demás. El amor a Dios es lo más importante para ella.

Cuando nació su hija, estaba casada con un soldado de la milicia, quien le arrancó de los brazos lo que más amaba después de Dios: su hija. En ese instante, Elizabeth perdió todo, incluyendo sus bienes. Pero, siendo una mujer que no se rinde, sintió en su corazón una fuerza que le susurró: "Si él puede ser soldado, tú también". Así, se enlistó en la milicia americana, y desde allí comenzó una nueva etapa en su vida. Al mismo tiempo, Dios le abrió puertas para predicar el evangelio en diversas naciones, incluyendo Europa.

Por la gracia y misericordia de Dios, Elizabeth ha servido al Todopoderoso por más de 15 años. Ha escrito proyectos y libros, incluyendo "Entre 2 Mundos" publicado por JDN PUBLICATIONS publicado también en Inglés. Ha sido entrenada por la milicia terrenal y por la milicia del Reino de Jesucristo. Por Su gracia, hoy es dueña de organizaciones sin fines de lucro y con fines de lucro, incluyendo su primera Radio FM 105.5 "Jesús Para las Naciones", ubicada en Illinois. También es la CEO del ministerio JFTN-JLPN (Jesús for the Nations - Jesús Para las Naciones), a través del cual lleva el Reino de Cristo con conferencias, estudios y campañas. Todo ha sido por el amor y la misericordia del Padre hacia ella. ¡A Jehová sea la Gloria!

NOVENA

HISTORIA

¿Y SI TODOS SE VAN Y ME QUEDO SIN AMIGAS?

Elizabeth Puello
New Jersey, USA

9

¿Y SI TODOS SE VAN, Y ME QUEDO SIN AMIGAS?

POR ELIZABETH PUELLO, NEW JERSEY, US

"En todo tiempo ama el amigo, y es como un hermano en tiempo de angustia." — Proverbios 17:17

Una amiga verdadera te ama en todo tiempo, sin importar tu condición o situación. Cuando la angustia golpea, ella te acompaña, acercándose para apoyarte en cualquier necesidad. Una hermana puede enojarse contigo, pero jamás dejará de ser tu hermana. Aunque diga "no te quiero cerca de mí", pasa un momento y ya anhela compartir contigo, te echa de menos. Y si le sucede algo o alguien la ofende, ella es la primera en salir en tu defensa. Conocí el caso de una joven disgustada con su hermano; un día él sufrió un accidente y ella no paró de llorar por él. Así es una amiga: como una hermana, ama en todo tiempo sin importar la circunstancia.

El amor es incondicional y eterno. Es una decisión: tú decides si amas o no. Sin embargo, según la Palabra de Dios, debemos amar a todos por igual, incluso a nuestros enemigos. Una amiga, aunque pasen largos periodos sin verse, te recibe con cariño, sin preguntar por qué no la has buscado o llamado. Simplemente disfruta de tu compañía. El amor verdadero nunca debe terminar; si es genuino, permanece para siempre, como dice la Biblia: "El amor nunca deja de ser".

Me llama profundamente la atención que Jesús, aun siendo vendido por Judas, lo llamara "amigo". Esto me hizo entender que el amor y la amistad de Jesús hacia Judas eran incondicionales. Jesús siguió llamando amigo a Judas, aun sabiendo que lo traicionaría. Judas no honró su título de amigo; él traicionó a Jesús.

El amor de una amiga debe ser como ese amor del que habla la Biblia: un amor verdadero que te brinda seguridad y confianza, y que es incondicional.

¿Cómo es el amor al que se refiere la Biblia?

> *4 El amor es paciente, es bondadoso. El amor no es envidioso ni jactancioso ni orgulloso. 5 No se comporta con rudeza, no es egoísta, no se enoja fácilmente, no guarda rencor. 6 El amor no se deleita en la maldad, sino que se regocija con la verdad. 7 Todo lo disculpa, todo lo cree, todo lo espera, todo lo soporta. 1 Corintios 13:4-7 (Nueva Versión Internacional)*

Una amiga que te ama es paciente contigo cuando no entiendes algo, cuando te sientes confundida o perdida, o cuando estás equivocada. Una amiga que te ama siempre tenderá a hacerte el bien, nunca querrá hacerte mal. No mostrará celos ante tus proyectos ni orgullo a la hora de pedir perdón y perdonar. Es amable, sincera, te acompaña en tus decisiones, no siente envidia de tus logros, te corrige, y aunque pase el tiempo, siempre te recibe de la misma manera. Cuando no tiene respuesta para tu problema, ora por ti. No te juzga, no te critica con los demás, pero te corrige cuando es necesario y no te avergüenza frente a otros.

Esa amiga parece difícil de encontrar, pero en Dios es posible. Una amiga es un refrigerio, un desahogo cuando has tenido un mal día. Ella es paciente cuando tú no quieres hablar, te presta sus oídos sin intervenir y te acompaña a orar en los momentos de necesidad.

Algunos ejemplos de amistad verdadera:

Ejemplo de David y Jonatán (1 Samuel 24:17-18):

Este es un gran ejemplo de amistad verdadera. Tuvieron una amistad que respetaron por encima de las adversidades, a pesar de que Saúl, padre de Jonatán, quería matar a David. Jonatán fue fiel a David más que un hermano, defendiéndolo incluso de su propio padre, y le demostró su amor. De igual manera, David honró su amistad, honrando a la familia de Jonatán. Cuando David llegó a ser rey, no olvidó a la familia de su amigo. Una amiga te honrará incluso después de tu partida, no expondrá tus defectos ante los demás y hablará bien de ti incluso en tu ausencia. Tu amiga se sentirá como si hablara de su propia vida cuando hable de ti.

Ejemplo de Rut y Noemí (Rut 1:16-17):

"16 Respondió Rut: No me ruegues que te deje, y me aparte de ti; porque a dondequiera que tú fueres, iré yo, y dondequiera que vivieres, viviré. Tu pueblo será mi pueblo, y tu Dios mi Dios. 17 Donde tú murieres, moriré yo, y allí seré sepultada; así me haga Jehová, y aun me añada, que solo la muerte hará separación entre nosotras dos."

Después de la muerte del esposo de Rut, Noemí no tenía ninguna obligación con ella, pero Rut decidió ser su amiga sin importarle si tuviera o no descendencia. Esta fue una muestra de amor tan grande que hoy Rut es honrada por Dios al aparecer en la genealogía de Jesús. Esto significa que a Dios le agrada la amistad sincera y llena de amor; Él honra a quienes honran a otros.

Abraham fue llamado amigo de Dios:

"Pero tú, oh Israel, siervo mío eres; tú, Jacob, a quien yo escogí, descendencia de Abraham, mi amigo."

¡Qué hermoso es ser llamado amigo de Dios! Abraham llevó una vida que honró a Dios con su fe, lo escuchaba cuando le hablaba y le obedecía en todo, hasta el punto de atreverse a ofrecer a su hijo en sacrificio. Ese sacrificio no se llevó a cabo en lo físico, pero sí en el mundo espiritual y en el corazón de Abraham; él decidió de corazón hacer el sacrificio, ya que lo más importante no era el niño, sino hacer la voluntad de Dios y ser obediente. Así debemos tener a Dios en primer lugar en nuestras vidas; que nuestra felicidad o plenitud no esté en lo que hemos recibido de Él, sino en Él mismo, en el Espíritu Santo, nuestro mejor amigo.

¿Y si se van todos y me quedo sin amigas?

La soledad puede hacerte sentir vacía y triste. A nadie le gusta estar solo, pero existen momentos en los que todos se alejan, nadie toma tus llamadas, y parece como si fueras invisible en las reuniones.

Quiero decirte que esa soledad no es exterior, sino interior. Una persona puede estar rodeada de mucha gente y aun así sentirse sola. Parece paradójico, pero cuando te sientes sola, los demás tienden a alejarse aún más, y cuando te sientes acompañada y disfrutas de ti misma, todos quieren estar contigo. Existe un lenguaje corporal y gestual; puedes comunicar tu estado de ánimo sin decir una palabra. Sucede que los demás te perciben tal como te sientes en tu interior: tus ojos, tu mirada, tu rostro y hasta tu postura corporal revelan tu estado emocional. Por lo tanto, es necesario que te sientas acompañada de adentro hacia afuera. ¿Cómo se logra eso? Asegurándote de que tu sentirte acompañada y feliz no dependa de quienes te rodean, que la felicidad sea tu esencia interior, sin esperar que alguien venga a hacerte reír.

Aunque todos se vayan, no te sientas sola. Recuerda que aquel que te creó nunca te ha dejado ni te dejará. Jehová es tu pastor y nada te faltará, como dijo el salmista David en el Salmo 23.

El Espíritu Santo es tu mejor amigo

Debemos conocer quién es el Espíritu Santo. Él es a quien Jesús dejó como nuestro Consolador. Él llena todo vacío, hace que la soledad salga huyendo, te escucha, te comprende, te fortalece y te guía en todos tus caminos si se lo pides y se lo permites.

El Espíritu Santo es quien nos recuerda todo lo que Jesús nos ha dicho en Su palabra; Juan 14:26:

> "Mas el Consolador, el Espíritu Santo, a quien el Padre enviará en mi nombre, él os enseñará todas las cosas, y os recordará todo lo que os he dicho."

Para lograr que el Espíritu Santo nos recuerde lo que Jesús dijo, debemos leer la Biblia, meditar en ella y ponerla en práctica en el diario vivir. La mejor manera de escuchar la voz de Dios es a través de Su Palabra.

Si tengo el Espíritu Santo, Su fruto se manifiesta en mí. La Biblia habla del fruto del Espíritu en la carta del apóstol Pablo a los Gálatas: "Mas el fruto del Espíritu es amor, gozo, paz, paciencia, benignidad, bondad, fe, mansedumbre, templanza; contra tales cosas no hay ley."

¿Cómo puedo tener una vida de intimidad con mi amigo, el Espíritu Santo? Confiando en Él, depositando tus ansiedades en Él, leyendo la Palabra, ayunando, orando, hablando con Él como lo que es: una persona. Nunca sentirás soledad con Su compañía.

Despójate de toda amargura

Una de las cosas que causan amargura es el menosprecio, pero no debes permitir que ese dolor se convierta en amargura. No eres una moneda de oro para gustarle a todo el mundo; a muchos les gustarás, pero otros no querrán verte ni en fotografías. Cuando hablen de ti de manera despectiva o para criticarte, no les prestes atención, no te tragues ese veneno, no dejes que ese veneno llegue a tu corazón para que no se convierta en dolor. Si lo tragas y llega al corazón, se convertirá en amargura, y esta será como una herida infectada que produce rencor y falta de perdón.

Si el rencor ya entró en tu corazón, aún hay oportunidad para sanar. Debemos perdonar de inmediato para no apartarnos de nuestro amigo, el Espíritu Santo. Bien lo dice la Biblia: "Si no perdono a mi hermana o amiga, mi Padre que está en los cielos no me perdonará a mí."

No hagas nada que entristezca al Espíritu Santo. Mantén tu obediencia firme todo el tiempo. Cuando vayas a hacer algo, primero piensa si está de acuerdo con la Palabra de Dios y si no va a alejar a tu mejor amigo. Mantén una relación constante con el Espíritu Santo. Él es tu mejor amigo; nunca te sentirás sola con Él a tu lado.

Conozcamos más de Elizabeth Puello

Elizabeth Puello nació en la República Dominicana en un pueblo llamado Bonao, hija de Pelgio Puello y Lina Rodríguez, está casada con Aurelio Cornielle Arias con el cual ha tenido tres hijos. Realizó sus estudios en la Universidad Autónoma de Santo Domingo, allí estudió Licenciatura en Psicología Clínica, Licenciatura en Psicología Escolar, Maestría en Terapia Familiar y varios diplomados en diferentes áreas de la Salud Mental. Trabajó por varios años cómo psicóloga en el hospital municipal de Villa Duarte en Santo Domingo y como terapeuta de aprendizaje en varios centros educativos. También trabajó como terapeuta y profesora de psicología y orientación en el Instituto Técnico Superior Comunitario (ITSC), y en la actualidad es escritora y conferencista, y predica la palabra de Dios para que las almas se salven. Entre sus libros publicados están: Resiliencia, Perdón a Través de la Acción, Disciplinando con Amor, Mujeres Resilientes de fe Cristiana, con JDN PUBLICATIONS. Ahora es coautora de Entre Amigas, Historias del Alma Que Inspiran e Impactan.

DÉCIMA
HISTORIA

CRECIENDO EN UNA FAMILIA DISFUNCIONAL

Jenny Fortes
New Bedford, MA

10

CRECIENDO EN UNA FAMILIA DISFUNCIONAL

PASTORA JENNY FORTES, NEW BEDFORD, MA

Saludos, soy la pastora Jenny Fortes. A través de esta humilde servidora, voy a compartir parte de mi historia y declaro, en el nombre de Jesús, que sea de bendición para sus vidas.

Vengo de padres divorciados y crecí en una familia disfuncional. Mi padre biológico tenía varias relaciones e incluso hijos fuera de casa. Cuando regresaba, maltrataba y abusaba físicamente de mi madre.

Mi madre decidió huir a Puerto Rico para que él no supiera más de ella y así ponernos a salvo. Aunque ya era una contadora profesional y se había graduado de la universidad, como madre soltera con dos hijos, se esforzó por terminar su preparación académica y salir adelante.

Crecí admirando su valentía y determinación. Ella no necesitaba a su esposo porque, aun sin conocer a Dios, Él le daba la fuerza y le había puesto una visión: regresar a su tierra, Puerto Rico, para construir un hogar para ella y sus dos hijos.

De mi madre aprendí el significado de la valentía: un hecho o hazaña heroica ejecutada con valor. Para mí, ella era mi heroína. A nivel físico, la valentía nos permite superar miedos, y me imagino que ella estaba llena de ellos. Sola, con dos niños pequeños, tenía que trabajar para alimentar tres bocas, ¡sí, tres!, porque nuestra perrita poodle llamada Fifí completaba el trío.

Les hablo de miedos y admiración, y ahora les diré por qué. Recuerdo que, a la edad de 9 años, ya en la isla, mi padre biológico apareció en nuestra puerta. Todo niño quiere ver a sus padres felices y juntos, pero este no era mi caso. Mi madre no podía creer lo que veían sus ojos. ¿Cómo podía ese hombre llegar a Puerto Rico sin saber español, cuando en los barrios se llega por puntos de referencia? Llegó en un carro público, un taxi, porque su obsesión con mi madre era inmensa.

Mis padres comenzaron a discutir. Mi padre se la llevó al baño y continuaron la discusión. De pronto, no escuchamos nada y mi mamá no salía. Mi hermano, que era mayor que yo, siempre tomaba la iniciativa. Nos pusimos de acuerdo para romper la puerta del baño con un machete que tenía mi mamá. Al abrirla y correr la cortina, lo vimos estrangulando a mi madre por el cuello. Él medía 6'1" y mi madre 5'3".

Cuando nos vio, soltó a mi madre, agarró a mi hermano por el cuello y lo llevó al balcón. Recuerdo que comencé a gritarle: "¡Suéltalo, papi, suéltalo!". Mi mente siempre me lleva a esa última palabra: "suéltalo".

Mi madre vivió cosas que en ese momento debieron ser horribles, pero sin que ella entendiera nada de Dios todavía, Él la guardó de ese hombre que sufría de trastornos mentales. Las enfermedades mentales son reales. Antes eran difíciles de detectar, pero hoy, con el avance de la ciencia, es más fácil diagnosticarlas y existen muchas organizaciones que pueden ayudar. Mi padre biológico había desertado de la marina, se había fugado y no terminó su servicio.

Años después, cuando ya era adulta, mi mamá me contó que un día mi padre la sentó en la cama y comenzó a jugar a la ruleta rusa con su pistola apuntando a su cabeza. Al relatarme esta historia, o, mejor dicho, esta horrible experiencia, aún temblaba, y sus ojos reflejaban el terror. Pobre de mi madre, cuánto sufrió en manos de ese hombre.

Con el tiempo, apareció mi padrastro, y entendí que vino a sanar las heridas causadas por un hombre maltratador. Dios enviará a alguien que te ayudará a sanar. Años más tarde, ella me contó que sintió cómo una carga se desprendía de sus hombros cuando él llegó. Ya no estaría más sola.

Este hombre era ejemplar, compasivo, amoroso y humilde. Un hombre de buena familia, con creencias muy tradicionales y fuertes valores religiosos. La amaba a ella y a sus dos hijos. Años después, logré llevar a mi madre a Cristo. Ella comenzó a perseverar junto a mi padrastro, y en 2010, ambos se bautizaron en la Iglesia Cristiana de la Pastora Joanne Soto en Barceloneta, Puerto Rico.

Dios obró con ella, pero también capacitó a la persona que la encontró hecha pedazos. Ese hombre fue un "lugar seguro" para ella. Dios envió a un hombre con todas las herramientas necesarias para ayudarla a sanar emocional y mentalmente. Sanar heridas emocionales lleva tiempo; es un proceso individual donde debes permitir que tu mente y tu cuerpo trabajen a su propio ritmo. Dios sanó cada herida de su corazón.

¿Qué aprendí de mi madre? Aprendí a ser una luchadora, a no rendirme y a no aceptar un "no puedes hacer eso". Sin que ella aún conociera a Dios, Él ya la estaba capacitando para ser un instrumento y canal de bendición para que nosotros entendiéramos el concepto de "todo lo puedo en Cristo que me fortalece" y que nunca nos rindiéramos por más difícil que fuera la situación.

El 9 de enero de 2014, Dios la llamó a su presencia. Ahora recibirá su recompensa eterna.

Conozcamos más de Jenny Fortes

LA VISIÓN de Jenny Fortes es dejar un legado que impacte a la comunidad en la genuina transformación del Alma, Cuerpo y Espíritu, con Cristo como el centro y fundamento de las vidas.

Jenny Fortes nació en New Bedford, Massachusetts, el 29 de julio de 1972. Se crio en Estados Unidos hasta los nueve años. Tras el divorcio de sus padres, se trasladó a Puerto Rico. Su madre era puertorriqueña y su padre biológico era de Massachusetts. La adaptación a la isla fue difícil inicialmente debido al idioma y la diferencia cultural. Se graduó de la escuela superior en la Fernando Callejo High School, en Manatí, Puerto Rico. Mientras estudiaba, Jenny trabajó por las tardes en una zapatería. Más tarde, obtuvo una Certificación como operadora química y trabajó durante ocho años en Pfizer Pharmaceuticals en Barceloneta, Puerto Rico, a través de agencias temporeras.

Luego se mudó a Florida, donde estudió Justicia Criminal en la Universidad Metropolitana. Eventualmente, regresó a Massachusetts como adulta para brindarle cuidado médico a su hijo. Actualmente, Jenny trabaja como Educadora de Salud para la YWCA. Desde niña, fue testigo de maltrato a la mujer en diferentes hogares, incluidos el suyo y el de un ser querido. A partir de esta experiencia y de su trabajo en la YWCA, surge su pasión y deseo de ayudar a mujeres maltratadas, abusadas y con baja autoestima. De esta vocación nace el Ministerio Jehová-Rapha, un ministerio enfocado en restaurar, levantar y sanar a la mujer.

Gracias Pastora Jenny por ese testimonio y gracias por servir a mujeres que necesitan sanidad y salvación.

DUODÉCIMA
HISTORIA

CUANDO TODO CAMBIA DIOS PERMANECE

Keren Sánchez
Boston, MA

CUANDO TODO CAMBIA DIOS PERMANECE

POR KEREN SÁNCHEZ, BOSTON, MA

Una travesía de fe y propósito

¿Te has sentido alguna vez perdida en medio de una tormenta de cambios? ¿Has dudado si volverás a encontrarte, si Dios aún te ve, si el propósito sigue en pie? En este escrito compartiré cómo Dios me ayudó a reencontrarme cuando emigré y experimenté el desarraigo, la transición, el dolor de lo desconocido, y la pérdida de identidad.

Como mujer de fe, profesional en salud mental y coach de empoderamiento, enfrenté no solo el proceso migratorio, sino también los silencios interiores: la duda, el miedo, el "¿quién soy ahora?". Durante años he acompañado a familias en sus propias luchas, pero Dios también me guio a mirar hacia adentro, a escribir, a sanar, y finalmente a dar a luz a *Renace en la Tormenta*, mi primer libro.

En este relato testificaré cómo cambié mentiras como "Estoy sola" o "Me perdí en el camino" por verdades bíblicas: "Jehová peleará por vosotros, y vosotros estaréis tranquilos" (Éxodo 14:14), "Dios es nuestro amparo y fortaleza, nuestro pronto auxilio en las tribulaciones" (Salmo 46:1). Descubrí que el renacer no es volver a ser la de antes, sino abrazar a la mujer transformada por la tormenta.

Cada capítulo de mi libro fue una etapa de reconstrucción espiritual. Aquí narraré parte de esa jornada con historias reales, ejercicios devocionales y reflexiones íntimas que ayudarán a otras mujeres a transitar sus propios cambios, con la certeza de que no están solas.

Mi mensaje es claro: si Dios lo comenzó, Él lo perfeccionará (Filipenses 1:6). Porque Su fidelidad no depende del lugar donde estemos, sino del propósito eterno que Él puso en nosotras. Esta historia es para ti, mujer líder, que en medio del cambio decides no rendirte, sino renacer.

Mi historia comienza con una maleta llena de sueños y una mente nublada por el temor. Como muchas mujeres que emigramos, me sentí perdida. Dejé atrás lo conocido, lo seguro, mis raíces... y por momentos también sentí que dejaba pedazos de mí. Pensé: *"Ya no soy la misma"*, *"me he desconectado de quien soy"*. Pero fue justamente en medio de esa tormenta donde Dios comenzó una obra de transformación profunda en mí.

Lo que parecía el final, fue solo el inicio de una reconstrucción divina. Cada capítulo de mi vida empezó a reescribirse con Su mano. Y así nació *Renace en la Tormenta*, mi libro, donde comparto cómo Dios me ayudó a convertir mentiras en verdades, miedo en fe, y dolor en propósito.

Me aferré a promesas como: *"Antes que te formase en el vientre te conocí, y antes que nacieses te santifiqué"* (Jeremías 1:5). *"Jehová cumplirá su propósito en mí"* (Salmo 138:8). *"Fiel es el que os llama, el cual también lo hará"* (1 Tesalonicenses 5:24).

Durante mi transición, aprendí que la identidad no depende de un lugar, una cultura o una posición social, sino de Aquel que desde la eternidad me llama Suya. Lo que yo pensé que era una pérdida —mi tierra, mis redes, mi estabilidad— fue en realidad una invitación divina a descubrir quién soy más allá de todo eso. El desarraigo, lejos de cancelar mi propósito, lo refinó. Me despojó de las máscaras, los títulos y las expectativas ajenas, para mostrarme que lo eterno en mí no se mueve, aunque todo a mi alrededor cambie.

Descubrí que Dios no me perdió en el camino. Al contrario, me esperaba ahí. En la noche silenciosa de mi incertidumbre, en las lágrimas solitarias que nadie vio, en los días donde todo era nuevo y abrumador... Él estaba. Su presencia se volvió más cercana que nunca, y su Palabra más viva que mis temores. No fui abandonada; fui sostenida. No fui olvidada; fui transformada.

Me reencontré con Él de maneras tan profundas que jamás imaginé. Y en ese encuentro, me reencontré conmigo misma: amada, elegida, enviada. Comprendí que mi transición era parte de un plan mayor para bendecir a otros. Lo que parecía el final de una historia, era apenas el prólogo de una vida plena, guiada por la gracia.

Mi testimonio no es solo una historia personal, es un llamado. Es para ti, mujer valiente, que en medio de una transición sentiste que el cambio te quebró. Es para ti que, al dejar atrás una etapa, una tierra, un sueño o una relación, creíste que también dejabas una parte de ti... quizás la mejor. Es para ti que te miraste al espejo y no reconociste tu reflejo, porque la voz se te apagó, la fuerza se te fue y la esperanza se convirtió en un susurro lejano.

Pero hoy vengo a recordarte algo eterno: "Estás en proceso, no estás perdida". Dios no ha terminado contigo. Aunque sientas que todo se desmorona, Él está reconstruyendo algo más firme y bello desde los escombros. No estás sola, no estás rota sin propósito, no eres un caso perdido.

Te hablo desde las grietas que hoy sanan con luz. Desde las lágrimas que regaron una nueva fe. Desde un corazón que fue restaurado en el taller del Alfarero. Y con la misma autoridad con la que lo viví, hoy te digo: "Estás en las manos del Maestro. El que comenzó en ti la buena obra, la perfeccionará hasta el día de Jesucristo" (Filipenses 1:6, RVR60).

No importa cuánto hayas perdido, lo que Dios está a punto de hacer en ti superará todo lo que quedó atrás. Tu historia no termina en la tormenta... comienza en el renacer.

Este manuscrito no es solo una historia; es mucho más que palabras en papel. Es una invitación valiente a renacer, a descubrir la verdad de quién eres en Cristo, y a aferrarte a la certeza de que una tormenta no puede definir tu destino. A veces la vida rompe todo lo que conocíamos: un hogar, una rutina, un sueño o incluso nuestra propia voz. Pero justo ahí, en el epicentro del cambio, Dios puede abrir espacio para un renacimiento profundo.

Imagina esto: una mujer que, con lágrimas en los ojos, recogía pedazos de su pasado perdido. Sentía que todo se iba desvaneciendo... hasta que empezó a ver que la mano amorosa de Dios le recogía cada fragmento. En medio del caos y la incertidumbre, aquella voz interior comenzó a decirle: *"No te desvanezcas, mi hija, estoy creando algo nuevo y eterno en ti."* Con cada capítulo, te acompaño en ese viaje real: desde la mudanza, el miedo a lo desconocido, la añoranza de lo que fue... hasta el resurgir de una identidad poderosa bajo la gracia de tu Padre.

Si Dios lo hizo conmigo, también puede hacerlo contigo. El mismo Creador que comenzó a trabajar dentro de ti no se detendrá antes de llevar a cabo Su propósito. No cambia Sus planes, Su amor, ni Su presencia. Así que, mientras exploras estas páginas, permítete creer que estás en las manos fieles de Aquel que promete completar lo que empezó en ti (Filipenses 1:6). Porque en cada prueba, hay semilla de gracia. En cada dolor, hay terreno para el florecer. En cada despedida, hay un nuevo comienzo.

Cinco Preguntas para Reflexionar y Profundizar

1. ¿Qué "tormenta" tienes hoy que amenaza con redefinirte, y cómo podrías verla como terreno de renacimiento?
2. ¿Dónde has perdido tu voz o tu propósito, y qué revelación necesitas para recuperar ambas?
3. ¿Qué fragmento de tu pasado necesitas entregar a Dios para que Él lo reconstruya en grandeza?
4. ¿Cómo se manifiesta en tu vida la promesa de que Él perfecciona la obra que comenzó en ti (Filipenses 1:6)?
5. ¿Qué paso de fe estás llamada a dar hoy para declarar que crees en tu propia resurrección interior?

Sigue profundizando con el libro 'Renace en la Tormenta'.

Acompáñate con devocionales, contenidos exclusivos y mentorías en mis plataformas.

Únete a la Academia de Transformación y sigue creciendo junto a otras mujeres de fe: https://kerensanchez.com/academia-atmai/

Tu proceso apenas comienza. ¡Y no estás sola! Estoy aquí para acompañarte.

Redes sociales

Instagram: https://www.instagram.com/kerensanchezcoach
Facebook: https://www.facebook.com/kerensanchezcoach

Conozcamos más de Keren Sánchez

KEREN SÁNCHEZ ES ESCRITORA, pastora, adoradora y mentora de mujeres cristianas, con una voz apasionada por el empoderamiento espiritual. Autora del libro *Renace en la Tormenta*, su historia de emigración, fe y restauración ha inspirado a cientos de mujeres a reencontrarse con su propósito en medio de los cambios más desafiantes de la vida.

Licenciada en contabilidad y en Administración, con una Especialización en Gerencia de Recursos Humanos y una maestría en servicios humanos. Keren ha complementado su formación académica con certificaciones en Coaching de Vida Cristiana, Mentoría transformacional y varias certificaciones en el campo del desarrollo profesional. Actualmente está estudiando una maestría en salud mental y psicología.

Esta preparación le ha permitido guiar a otras mujeres con excelencia, integrando el conocimiento profesional con la dirección del Espíritu Santo.

Como pastora y adoradora, ministra no solo con sus palabras, sino también desde el altar, llevando un mensaje de restauración, identidad y plenitud. Es fundadora y directora de la *Academia de*

Transformación para la Mujer de Alto Impacto, donde lidera procesos de sanidad y empoderamiento para mujeres líderes que desean sanar sus raíces, abrazar su diseño divino y caminar con propósito.

Además, dirige el grupo "Mujeres Extraordinarias con Propósito y en Victoria", una comunidad donde inspira a mujeres diariamente a vivir por fe, guiándolas en su crecimiento espiritual, desarrollo personal y cumplimiento del llamado de Dios para sus vidas.

Su llamado es claro: ayudar a otras a renacer desde el dolor, reconociendo que aún en medio de la tormenta, Dios sigue obrando. Su mensaje es una invitación a recordar quiénes somos en Cristo, sanar las heridas profundas y abrazar con fe un nuevo comienzo. Vive agradecida por la gracia de Dios que la sostiene y la envía a levantar a muchas más.

DECIMOTERCERA
HISTORIA

ACEPTANDO SU VOLUNTAD

Dorothy Álvarez
República de Ecuador

12

ACEPTANDO SU VOLUNTAD
PASTORA DOROTHY ÁLVAREZ, ECUADOR

Crecí en un hogar cristiano. Mis padres me enseñaron a amar a Dios, a la familia y a la iglesia. A los catorce años, tuve experiencias personales con Dios y decidí que eso era lo que quería para toda mi vida. Procuré servir en todas las áreas que me eran posibles en la obra. Fue una etapa de adolescencia y juventud muy linda, pero a la vez muy difícil por las muchas circunstancias que tuve que atravesar: pruebas, necesidades, tentaciones y equivocaciones. Sin embargo, también tengo grandes recuerdos, pues Dios me guardó y me enseñó a vivir para Él, sin buscar la aprobación de los hombres.

A los diecinueve años, conocí a un misionero que llegó a predicar en diferentes ciudades de Ecuador. Yo no sabía que, siete años después, Dios uniría nuestras vidas. Me casé a los veintiséis años y me fui a vivir a la isla de Aruba. Roberto, mi esposo, era un hombre de Dios, íntegro, sabio y muy trabajador, preparado para llevar adelante una familia. Era hora de crecer, y Dios nos envió los mejores regalos: nacieron nuestros tres preciosos hijos: Benjamín, Joshua y Sara.

Éramos una familia normal y feliz, pero había algo que siempre estaba presente en el corazón de mi esposo: el deseo de servir a Dios.

Él siempre me decía que tenía un profundo llamado a servir en Ecuador y me compartía su ferviente anhelo de realizar trabajos misioneros en esos lugares remotos de la Amazonía ecuatoriana. Sinceramente, yo me había acostumbrado a una vida cómoda y me negaba a la idea de ir de misionera, pues, según mi mente, eso significaba sufrir y pasar necesidades. Había visto a muchos misioneros pasar por escasez.

Hasta que un día, en un ayuno, Dios me habló claramente que debía ir junto a mi esposo a servir en Ecuador. Le pedí una señal más al Señor: si nos quería allá, que nos enviaran los pasajes. Esa misma noche, alguien nos llamó de Ecuador y nos dijo: "Yo tengo sus pasajes, los esperamos en Ecuador." Con ese suceso, ese día renuncié a todo y decidí unirme al deseo de mi esposo de predicar en lugares donde nadie quería ir.

Así que, en el año 2008, salimos de Aruba a una ciudad nueva para nosotros en el Oriente. Desde el primer día que llegamos a esa ciudad desconocida, el Señor nos mostró lugares de predicación enfocada mayormente en la gente indígena de la zona. Las puertas comenzaron a abrirse y todas las semanas visitábamos diferentes comunidades.

También, en la ciudad, iniciamos un grupo en la sala de nuestra casa para congregar a personas necesitadas de Dios. Evangelizábamos en las calles y Dios añadía almas a su redil. Es verdad que es hermoso ver lo que Dios hace y cómo restaura vidas, pero al mismo tiempo, Dios tenía que procesarnos y enseñarnos a depender de Él absolutamente. Para aprender, mi esposo, mis tres hijos y yo tuvimos que pasar por varios momentos de escasez y necesidad, los cuales eran necesarios en ese tiempo para que la gloria fuera solo de Él.

Aunque el llamado se estaba cumpliendo, mi esposo tenía que cumplir un llamado específico: el de ir a lugares donde nadie quiere ir, donde nadie te espera, donde tú tienes que esperar por ellos, donde nadie te da y tú tienes que llevar para dar, donde nadie te alaba y más bien recibes rechazo. Pero el llamado debe cumplirse. Quién sabe de esto, va a entender que, para muchos, es una locura o una pérdida. Sin embargo, el llamado es así: hay que cumplirlo, porque si no se hace, la vida no tendrá valor ni sentido para ti.

Así, mi esposo y yo comenzamos a visitar lugares que nadie quería visitar, comunidades lejanas a nuestro confort, a cinco horas en auto, dos horas en lancha y muchas veces caminando para poder llegar a predicar a personas que con ansias esperaban que alguien los visitara. Igualmente, para realizar este trabajo evangelístico, Dios se encargaba de proveer todos los recursos necesarios. Y así transcurrieron varios años en esta labor en la ciudad y en diferentes lugares, cercanos y lejanos.

En julio de 2023, mi esposo comenzó a sentirse mal de salud. Pensamos que las molestias en su estómago eran producto de una mala digestión. Cuando fuimos al médico, después de varios exámenes, recibimos una mala noticia tras otra y supimos que era una enfermedad terminal. Y ahí empieza otra historia. Para ese tiempo, nuestros hijos vivían en el extranjero y los llamamos debido a la gravedad de su padre.

Algo para enfatizar es que nadie entiende lo que está pasando. Tal vez pensamos: "Es una prueba, de aquí Dios lo va a sanar y a hacer un milagro para seguir predicando la palabra. Ha sido un hombre fiel que se ha dedicado toda su vida a hacer la obra de Dios". Muchos argumentos vienen en esos momentos a la mente, ya que no se acepta la voluntad de Dios. Mis hijos, siempre con su fe en alto, decían: "Dios lo va a sanar", y todos teníamos la esperanza de un milagro.

Pero al pasar los días, mi esposo reunió a la familia y dijo:

> "Dios me ha dicho que me va a llevar. Quiero que ustedes continúen haciendo la obra de Dios. No sean egoístas; no piensen solo en ustedes. Yo me voy feliz porque hice lo que Dios me envió a hacer, me siento satisfecho."

En ese tiempo, sus dones se activaron de una manera mayor, y a cada uno de sus hijos les dejó una palabra de parte de Dios. Oró por nosotros, nos bendijo, y aquellos que venían a visitarlo salían consolados y con una palabra de parte de Dios. Dios nos habló a través de él, diciendo que su tiempo había llegado y que debíamos aceptar su voluntad.

No fue fácil describir lo que se siente en ese momento, pero lo que sí puedo decir es que hasta ahora no entendemos de dónde nos ha sobrevenido tanta paz, fortaleza y consuelo. Solo de Dios, no hay otra explicación. Unos días antes de su partida, llevaba dos días sin hablar, pero para despedirse, solo cantó una parte de esa alabanza:

> "Soy bendecido, vivo tranquilo, yo vivo en paz porque Dios siempre tiene el control."

Él partió con el Señor un 7 de septiembre. Mis tres hijos y yo continuamos el legado que él nos dejó. Seguimos predicando y seguimos realizando viajes a la selva. Dije que "aceptando su voluntad," porque para mí aún no puedo creer que yo siga adelante sin él. Mi esposo era el motor de todo, pero ahora entiendo que no hay nadie como Dios para sanar, para sostener, para levantar, para consolar y para fortalecer.

Hay momentos de tristeza, sí, somos humanos y normales, pero mi mayor refugio ha sido Dios. No encuentro otra explicación más que es Él quien me mantiene de pie. A Él sea la gloria. No importa el dolor, la prueba o la necesidad que estemos atravesando. Hoy puedo saber que Su Palabra se cumple y que solo dependemos de Su misericordia, y que Su voluntad es mejor que la nuestra, aunque no la entendamos.

Conozcamos más de Dorothy Álvarez

Dorothy creció en un hogar cristiano donde sus padres le transmitieron el amor por Dios, la familia y la iglesia. Desde su niñez tuvo experiencias personales con Dios que la llevaron a dedicar su vida al servicio. A los veintiséis años, se casó y se mudó a la isla de Aruba. Dios bendijo su matrimonio con tres hijos: Benjamín, Joshua y Sara. A pesar de llevar una vida cómoda en Aruba, su esposo sentía un fuerte llamado misionero hacia la Amazonía ecuatoriana. Inicialmente, Dorothy se resistió a la idea, pues asociaba la misión con escasez y sufrimiento. Ella pidió una señal específica, y al recibir una confirmación inmediata (el envío de pasajes), en el año 2008, Dorothy renunció a su vida anterior para unirse a la misión de predicar en lugares apartados. Se trasladaron a una ciudad en el Oriente de Ecuador, donde el Señor les guió a predicar, enfocándose principalmente en la población indígena. Su misión se ha centrado en ir a lugares no deseados, enfrentando el rechazo y llevando el mensaje a comunidades lejanas, accesibles solo tras largos viajes. Su esposo partió con el Señor el 7 de septiembre, sin embargo, la pastora Dorothy y sus tres hijos han asumido el compromiso de continuar el legado, predicando y viajando a la selva. Ella testifica que la paz, la fortaleza y el consuelo que la sostienen en medio del dolor provienen únicamente de Dios, afirmando que Su voluntad, aunque incomprensible, es la mejor.

Gracias pastora Dorothy por este grande testimonio donde a pesar de la pérdida la gloria de Dios sigue brillando y consolando.

DECIMOCUARTA
HISTORIA

LO QUE EL CIELO PUEDE HACER

Jeannett Toro
New Bedford, MA

13

LO QUE EL CIELO PUEDE HACER
PASTORA JEANNETT TORO, NEW BEDFORD, MA

"Lo que es imposible para los hombres, es posible para Dios." (Lucas 18:27)

Esta historia no se trata de teoría, religión o tradición, sino de lo que el cielo ha obrado en mí. Se trata del poder real y palpable que proviene de un Dios vivo. Soy evidencia de que Dios todavía obra milagros, de que aún transforma, restaura y sopla vida donde todo parece muerto.

Quiero hablar de lo que el cielo puede hacer, no como quien repite una historia ajena, sino como quien ha caminado por el valle de sombra de muerte y ha sido sostenida por Su mano. Si alguna vez te has sentido insuficiente, rota, abandonada o sin esperanza, esta palabra es para ti.

Cuando pensé ser incapaz, Dios me llamó capaz

"Pero él me dijo: 'Te basta con mi gracia, pues mi poder se perfecciona en la debilidad.'" (2 Corintios 12:9)

Viví momentos en los que no me sentía suficiente para lo que Dios me pedía. Dudaba de mí misma, de mi valor y de mis dones. La voz de la inseguridad gritaba más fuerte que mi fe. Pero fue allí donde Dios me miró con amor y me dijo: "Tú sí puedes, porque Yo soy contigo." El temor no se fue de inmediato, pero Su voz fue más fuerte. Me llamó cuando yo no me sentía digna. Me capacitó cuando no tenía herramientas. Me ungió cuando no sabía ni cómo hablar. El cielo te llama por lo que Él ve en ti, no por lo que tú ves hoy.

Cuando fui traicionada por el hombre, Dios fue fiel

"Aunque mi padre y mi madre me abandonen, el Señor me recibirá." (Salmo 27:10)

Una de las heridas más profundas es la traición. Cuando confías en alguien y te falla, sientes que el alma se rompe. Yo lo viví. Mi corazón fue traspasado por palabras, acciones y decisiones inesperadas. Pero en lo más oscuro, sentí la fidelidad inquebrantable de Dios. Él me sostuvo cuando ya no tenía fuerzas. Su amor no me soltó ni un solo día. Su fidelidad me enseñó que, aunque el hombre falle, Él nunca cambia. Y esto sanó cada rincón roto.

Cuando los médicos dijeron que era imposible tener hijos, Dios me dio una herencia

"Él da hijos a la mujer estéril, y la hace feliz madre de hijos. ¡Aleluya!" (Salmo 113:9)

Escuchar que no podría ser madre fue una sentencia que desgarró mi alma. Los informes médicos eran claros: no había esperanza. Pero el cielo tenía otro plan. Contra todo pronóstico, Dios me dio dos hijas naturales: Neyshali Anette Toro-Lacen y Nayeli Athalia Toro. Y no solo eso, sino que también me ha dado muchos hijos espirituales.

Hoy celebro la vida de mi yerno, Derek Lacen, un regalo de Dios para nuestra familia, y abrazo la bendición de ser esposa de Neftalí Toro, un hombre transformado y levantado como sacerdote de nuestro hogar. Cada vida que puedo amar y guiar es parte de la promesa que Él me hizo. Donde la ciencia dice "no", Dios dice: "Sí, porque Yo soy el Creador de la vida."

Cuando todo parecía destruido, Dios hizo cosas nuevas

> "He aquí, yo hago nuevas todas las cosas." (Apocalipsis 21:5)

Pasé por momentos en que mi vida estaba hecha pedazos. Mi hogar, mi corazón, mis sueños... todo parecía derrumbado. Pero Dios me dijo: "Hago cosas nuevas". Y lo cumplió. No solo restauró mi corazón, sino que también transformó a mi esposo, Neftalí Toro, en un hombre de honra, lleno de amor; en fin, un hombre nuevo.

Verlo amar, servir y caminar con Dios es una de las evidencias más hermosas de lo que el cielo puede hacer. Donde tú ves ruinas, Dios ve cimientos para algo glorioso.

Cuando mi salud estaba al borde, Dios sopló vida

> "Y me dijo: 'Profetiza, hijo de hombre, y di al espíritu: Así dice el Señor: ¡Ven, espíritu, desde los cuatro vientos, y sopla sobre estos muertos, para que vivan!'" (Ezequiel 37:9)

Mi cuerpo fue tocado por la enfermedad. Los diagnósticos eran desalentadores; me dijeron que no había mucho por hacer. Pero, una vez más, el cielo no se quedó en silencio. Dios sopló vida sobre mí. Recobré fuerzas y propósito, y más que eso: entendí que todo lo vivido tenía una razón mayor.

Un llamado en medio del dolor

"Ahora no lo entiendes, pero lo entenderás después." (Juan 13:7)

En medio del proceso más difícil, escuché a Dios decirme: "Hoy no entiendes tu dolor, pero un día tendrás muchas mujeres delante de ti. Sabrás su dolor. Y tendrás mi palabra en tu boca para consolarlas y restaurar sus vidas."

Al principio, esas palabras no tenían sentido. ¿Cómo podría consolar si yo misma estaba quebrada? El tiempo y la fidelidad de Dios me mostraron que todo lo vivido era solo una preparación. Hoy, cuando me paro frente a mujeres con historias de traición, pérdida, enfermedad o desesperanza, sé que no hablo desde la teoría. Hablo desde el cielo que me tocó a mí. Y ahora ese mismo cielo está tocando sus vidas.

Lo que el cielo puede hacer... y seguirá haciendo

"Y esta es la confianza que tenemos en Él: que, si pedimos algo conforme a su voluntad, Él nos oye." (1 Juan 5:14)

Esto es solo una pequeña parte de lo que Dios ha hecho en mí. Cada palabra es una cicatriz convertida en testimonio. Cada lágrima fue recogida por Su mano.

Hoy tengo vida, propósito, familia, y llamado, porque el cielo intervino. No hay nada que el cielo no pueda transformar. Lo que para ti hoy parece imposible, para Dios es la oportunidad de mostrarte Su gloria. Él es especialista en lo que ya no tiene solución.

Conclusión: El cielo también puede tocar tu vida

"Contaré todas tus maravillas." (Salmo 9:1)

Soy evidencia viva de lo que el cielo puede hacer. Y si lo hizo conmigo, lo puede hacer contigo. Tal vez no entiendas tu dolor hoy, pero Dios ya está escribiendo una historia de redención. Abre tu corazón, y deja que el cielo obre. Porque lo que el cielo puede hacer... no tiene límites.

Conozcamos más de Pastora Jeannett Toro

JEANETT TORO NACIÓ el 22 de diciembre de 1969 en Brooklyn, Nueva York, hija de padres puertorriqueños: Sixto Hernández Gerena y Carmen Lydia Rodríguez. Es la segunda de cuatro hermanos y creció en Carolina, Puerto Rico, donde realizó sus estudios en las escuelas Parcelas Buenaventura, Dr. Facundo Bueso y en la Escuela Superior Julio Vizcarrondo. Desde joven, mostró una gran dedicación en su formación profesional. Se especializó en barbería en la escuela vocacional Dr. Carlos F. Daniels y, posteriormente, se graduó en el Puerto Rico Barber College como barbera, cosmetóloga y tricóloga. Durante un tiempo, también ejerció como maestra de cosmetología. Más adelante, complementó su preparación con certificaciones como esteticista en el Instituto Madison y como técnica en micropigmentación en el Instituto de Micropigmentación de Puerto Rico. Con más de 25 años de experiencia en el ámbito empresarial, Jeanett fue fundadora y propietaria del exitoso salón "Extreme Jeany Salón", ubicado en las cercanías del Centro Judicial de Carolina. Tras su retiro como especialista de belleza, continuó desarrollando su creatividad al destacarse como repostera y diseñadora de bizcochos, siendo reconocida por su excelencia y originalidad en cada diseño. En junio de 1992, Jeanett contrajo matrimonio con el Rev. Neftalí Toro, con quien ha compartido más de tres décadas de vida y ministerio. En el año 2012, el matrimonio llegó a la ciudad de New Bedford, Massachusetts, respondiendo al llamado de Dios para establecer y fundar la iglesia Rebaño Casa de Adoración, donde se desempeñan como pastores principales. Ese mismo año también dieron inicio al Ministerio de Mujeres "En Dios Haremos Proezas", un espacio de formación, confraternidad y fortalecimiento espiritual para mujeres. Dentro de este ministerio, Jeanett dirige el proyecto "Un café con la pastora", un tiempo de palabra, consejería, dinámicas y restauración que ha bendecido a muchas mujeres del Reino y continúa activo hasta el día de hoy. Jeanett es madre de dos hijas: la pastora Neyshali Annette Toro-Lacén y la adoradora Nayeli Athalia Toro. Dios también ha bendecido su hogar con su yerno, el pastor Derek Lacén. Su vida es un testimonio viviente del poder del cielo cuando un corazón se rinde por completo al llamado de Dios.

Entre Amigas

DECIMOQUINTA
HISTORIA

LA ADORACIÓN

Ester Delvillar
Santo Domingo

14

LA ADORACIÓN

POR ESTER DELVILLAR, SANTO DOMINGO

Muchos de nosotros, en algún momento, hemos definido la adoración como un canto suave que entonamos en la congregación. Otros, quizás, la hemos reducido a un ministerio a través del cual las personas demuestran su talento y habilidad para entonar canciones, logrando el deleite de quien las escucha.

Sin embargo, cuando observamos el escenario en la Biblia, en Génesis capítulo 22, donde por primera vez se menciona la adoración, vemos algo distinto. Cuando el Señor le pidió a Abraham que sacrificara a su único hijo, Isaac, el hijo prometido, logramos entender que la adoración no se trata de entonar cantos, sino de un acto que engloba dos cosas importantes en la vida del creyente:

Abraham le ofreció a Dios lo que más amaba.
Abraham obedeció a Dios sin cuestionamientos.

Otro evento muy conocido en el que vemos la palabra adoración se encuentra en el evangelio de Juan 4:23, donde el Señor tiene un encuentro con una mujer samaritana. Ella había tenido varios maridos y el que tenía en ese momento tampoco le pertenecía. El

Señor entabla una conversación con ella, buscando revelarse a su vida para que Él llegara a ser su séptimo y último "marido," el que lo llena todo en todo. Cuando lo conocemos, alcanzamos la plenitud de la felicidad y la intimidad con Él nos libera de cualquier otra necesidad.

En este escenario, vemos una vez más que la verdadera adoración no trata de una canción, un simple instrumento, un escenario o una hermosa melodía, sino que depende, primeramente, de la actitud de un corazón que se ha determinado a acercarse al Señor con realidad, convicción, humildad y sencillez. Es un corazón que reconoce su poderío y majestad, que entrega todo aquello a lo que se ha aferrado en la vida, y que permite que Jesús gobierne sus emociones, anhelos y deseos.

La adoración es un acto continuo de reconocer al Señor en todo momento: cuando trabajamos, servimos a otros, tratamos con los demás, en nuestra vida cotidiana, cuando cuidamos a nuestra familia e incluso en nuestras luchas más íntimas. Es vivir con la clara conciencia y convicción de que somos el templo de su presencia y de que cada acción puede convertirse en un acto de rendición y honra a nuestro Dios.

A veces nos encontramos diariamente en situaciones donde urge que mostremos el carácter de Jesús, y para lograrlo es recomendable que nos hagamos estas preguntas: ¿Cómo reaccionaría el Señor Jesús en esta situación? ¿Qué respondería en esta conversación? ¿Qué pensaría? Si anhelamos adoptar su naturaleza de amor y santidad, entonces es pertinente que hablemos como Él habla, que miremos como Él mira y que actuemos como Él actúa.

La adoración es habituarnos a un estilo de vida en el que logremos vivir para Dios. Esto abarca el gran reto de someter nuestras emociones a su voluntad y el dominio propio que debemos demostrar ante las diferentes situaciones que presentamos con el prójimo. Hoy en día, vivimos en un mundo corrompido en su máxima expresión, y solo adoptando el carácter de Jesús podremos brillar en medio de tanta oscuridad.

Proverbios 3:6 dice:

"Reconócelo en todos tus caminos, y él enderezará tus veredas".

Esto significa tener una conciencia clara y constante de quién es Dios, estar en comunión con Él y reconocer su presencia en cada aspecto de nuestra vida diaria, ya sean nuestras acciones, decisiones o planes. Significa que, al confiar en Dios y reconocerlo, Él guiará nuestros pasos y hará que nuestros caminos sean rectos y seguros.

Mi Experiencia

Tiempo atrás, solía alabar de acuerdo con las circunstancias, pero cuando aprendí a someter mis anhelos y deseos a la voluntad absoluta de Dios, optando por dejar mis cargas sobre Él, enfocándome solo en quién es Él y en el gran sacrificio que hizo para la salvación de mi alma, la intención de mi adoración y la manera de acercarme a Él cambiaron.

Con el paso de los años, el Señor ha ido enseñándome que, a mayor rendición, mayor gloria se manifiesta en nuestras vidas. Nadie puede ver el propósito del Señor cumplido cuando nos olvidamos de darle participación en todos nuestros proyectos y anhelos, cuando dejamos de ser humildes y vivimos con un corazón ligado a lo terrenal, corriendo detrás de la vanidad de la vida.

A través de los años, he visto cómo Dios me ha ido formando en ese reconocimiento de quién es Él, de lo que se merece y para lo que fui creada. Por eso, sin duda alguna, puedo expresar que para lograr un nivel de adoración genuino es necesario morir al yo, morir a querer ser vistos como el centro, morir a los placeres del mundo, al orgullo, a la envidia, al deseo de tener y a la vanidad de la vida. A medida que somos quebrantados y humillados, entonces Cristo es levantado.

He aprendido que, a medida que nos alejamos de aquello que alimenta nuestra humanidad, de todo aquello que agrada a la carne y optamos por acercarnos más a Él, nuestro corazón se hace más sensible al toque de su Espíritu. De este modo, podemos aprender a escuchar su voz, sentir su presencia y disfrutar de una hermosa relación de amistad con el Padre.

Importancia de la Intimidad con Dios

La intimidad se resume en esa disposición para estar cerca de Él. Es tan importante, ya que fortalece nuestra fe en el Señor de tal forma que podemos experimentar esa paz que sobrepasa todo entendimiento. Mientras más nos acercamos a Él, más se nos revela y nos guía en todo tiempo en este caminar.

La intimidad con Dios es el resultado de una vida de santidad, de oración, de estudio de la palabra y de obediencia. Por esta razón, puedo decir que la adoración congregacional es solo el reflejo de lo que ocurre en la adoración personal. No podemos pretender manifestar la presencia de Dios delante de otros si primero no hemos cultivado una relación de intimidad con Él. En esa vida de intimidad, sin luces ni aplausos, rendimos nuestra voluntad a Él. Es ahí donde se forma el carácter del adorador, donde aprendemos a depender del Espíritu Santo y no de nuestro propio talento. Jesús mismo nos dejó el ejemplo. Antes de cada milagro, antes de cada enseñanza pública, buscaba un lugar apartado para estar a solas con el Padre. Si el Hijo de Dios tuvo la necesidad de crear una relación de intimidad con su Padre, ¡cuánto más nosotros debemos vivir rendidos a Él!

Una Adoración No Contaminada

Santiago 4:8 nos enseña: *"Acercaos a Dios, y él se acercará a vosotros. Pecadores, limpiad las manos; y vosotros los de doble ánimo, purificad vuestros corazones."*

El corazón del adorador debe estar limpio. Esto significa que debemos mantener un espíritu dispuesto a ser purificado cada día. Una adoración contaminada por el orgullo, la vanidad o la búsqueda de reconocimiento pierde su esencia.

Ezequiel en su capítulo 28 nos presenta un cuadro de cómo la altivez y el envanecimiento pueden desencadenar la derrota de alguien. A sabiendas de esto, si no cuidamos nuestro corazón, podríamos encontrarnos en una situación similar.

Menciono esto con el objetivo de dejar claro que el adorador no fue establecido para ser el centro de atención, sino para ser el instrumento que conduzca al pueblo a la presencia de Dios, exaltando su majestad y dando la gloria debida a su nombre.

El incienso que subía en el tabernáculo debía ser puro para que fuese agradable a Dios. De la misma manera, nuestra adoración debe provenir de un corazón dispuesto, sincero y humilde.

La Adoración Que Transforma

La adoración no solo es un acto de entrega, sino también de transformación. Cada vez que nos postramos delante de Dios, Él moldea nuestro carácter, sana nuestras heridas y nos reviste de su presencia. La adoración nos cambia primero a nosotros, y luego impacta a quienes nos rodean.

La adoración transforma porque, al enfocar nuestra atención en el carácter de Dios y rendirle nuestra vida, somos moldeados desde adentro hacia afuera, volviéndonos más como Él. Esta transformación nos infunde gozo, paz, gratitud y nos impulsa a vivir con nuevas prioridades y un propósito que honra a nuestro Creador en todas las áreas de nuestra vida.

He vivido momentos en los que, sin pronunciar una palabra, la presencia de Dios se ha manifestado con poder. No fue por lo que yo pudiera dar, sino porque previamente había aprendido a rendirme en lo secreto. Esa es la clave: lo que hacemos en lo oculto se revela en lo público.

Conclusión

La verdadera adoración se mide por la vida que ofrecemos día tras día. Es obedecer cuando es difícil, servir cuando nadie aplaude, perdonar cuando duele, y permanecer fiel aun en medio de las pruebas.

Que nuestra adoración nunca dependa de un altar visible, sino que brote del altar invisible que llevamos en el corazón.

~

Conozcamos más de Ester Delvillar

Nació el 25 de febrero de 1988 en la ciudad de Higüey, provincia de La Altagracia, República Dominicana, en el seno de un hogar cristiano evangélico. Desde muy pequeña fue instruida en la fe, desarrollando una profunda convicción espiritual que marcaría el rumbo de su vida. Criada en un entorno cristiano donde los principios bíblicos fueron la base de la formación familiar, Ester creció con un amor genuino por Dios y por el servicio en la iglesia. Con el paso de los años, Ester consolidó su preparación académica, obteniendo una Licenciatura en Contabilidad y posteriormente una Licenciatura en Teología, lo que refleja su pasión tanto por el ámbito profesional como por el estudio de la Palabra de Dios. Además, domina el inglés como segunda lengua, lo que le ha permitido desenvolverse en contextos multiculturales y ministeriales más amplios. En lo personal, Ester está casada con Claubian Etius y es madre de tres hijos: dos niñas y un varón. Su familia constituye una parte esencial de su ministerio, siendo ejemplo de entrega, fe y amor cristiano. Como mujer de hogar, esposa y madre, ha sabido equilibrar con madurez sus responsabilidades familiares con su llamado ministerial. Su trayectoria dentro de la iglesia se ha caracterizado por un corazón sensible a la adoración. Ester es reconocida como adoradora y líder de alabanza, transmitiendo con su voz y su entrega un mensaje de fe y esperanza que impacta vidas. Asimismo, ha sido invitada a compartir la Palabra como predicadora, impartiendo mensajes basados en la Escritura que edifican y motivan al crecimiento espiritual. Ester Delvillar Arache es una mujer íntegra, preparada y comprometida, que continúa desarrollando su ministerio con el firme propósito de glorificar a Dios y ser instrumento de bendición para las generaciones presentes y futuras.

ALFAXAD SÁNCHEZ
BRIDGEWATER, MA

DECIMOSEXTA
HISTORIA

SANANDO CON FE "SALUD MENTAL, UN PROCESO DE VICTORIAS EN CRISTO JESÚS"

SANANDO CON FE
"SALUD MENTAL, UN PROCESO DE VICTORIAS EN CRISTO JESÚS"

POR ALFAXAD SÁNCHEZ, BRIDGEWATER, MA

¡Dios les bendiga grandemente! Mi nombre es Alfaxad Sánchez, aunque soy más conocida como Merary Sánchez. Me gustaría compartir un poco de mi historia, de cómo he enfrentado los desafíos de salud mental. Lo hago como un llamado a la concientización y a la esperanza para todos aquellos que atraviesan luchas similares o difíciles.

Como cualquier ser humano, he tenido mis altibajos. Entre esos desafíos, la salud mental ha sido uno de los más grandes. A través de ellos, Dios me ha enseñado sobre la resiliencia, la importancia de la fe y el valor de la comunidad. No escribo estas palabras para centrarme en el dolor o las dificultades, sino para compartir un proceso de crecimiento, aprendizaje y esperanza.

Durante años, he luchado con desafíos de salud mental, y he tenido que aprender a conocerme mejor. He experimentado recaídas que me han hecho reflexionar sobre la importancia de la salud mental, el autocuidado, el valor de buscar apoyo, hablar con alguien cuando lo necesitamos y seguir las recomendaciones profesionales. Estas acciones marcan una gran diferencia en la vida diaria. Lejos de definirme como una persona débil, estas experiencias me han fortalecido. Hoy comprendo que cada paso, incluso los más difíciles, fue parte de un camino que me condujo a una mayor conciencia de mí misma y de lo que significa vivir plenamente, incluso después de superar retos de salud mental.

Disciplina y Crecimiento Personal

Uno de los aprendizajes más importantes de este proceso es entender que, al igual que la salud física, la salud mental requiere disciplina y constancia para lograr una vida equilibrada. No se trata solo de tomar un medicamento o asistir a una cita médica, sino de cultivar hábitos saludables: respetar las horas de sueño, alimentarse adecuadamente, mantener una rutina de ejercicio y, sobre todo, aprender a escuchar el cuerpo y la mente cuando nos alertan de que algo no anda bien.

Hoy entiendo que identificar los desencadenantes es una de las herramientas más valiosas. Reconocer cuándo me siento más vulnerable, aprender a detenerme antes de caer en una crisis y saber a quién acudir en esos momentos ha sido fundamental para mantener el equilibrio. Cada persona tiene un camino distinto, pero algo que todos compartimos es la necesidad de observarnos, conocernos y respetar nuestros propios procesos.

El Valor de la Familia y la Comunidad

En este recorrido, también descubrí que no camino sola. Mi familia ha sido una parte esencial de mi sanidad y mi esperanza. Ellos también han aprendido conmigo; han entendido que la salud mental no solo afecta a la persona diagnosticada, sino también a quienes la aman y la acompañan.

He visto cómo el amor de una madre, la paciencia y la ternura de los hijos, y el apoyo de los hermanos y sobrinos pueden convertirse en pilares firmes en medio de los desafíos. Cuando la familia se educa y se organiza, es capaz de ofrecer no solo compañía, sino también motivación, estructura y un espacio seguro donde uno se siente comprendido.

Por eso, siempre digo que el cuidado de la salud mental es un trabajo en equipo. La familia también necesita apoyo, educación y espacios para comprender mejor lo que significa acompañar a alguien con un diagnóstico de salud mental. Merecen reconocimiento, porque su papel es tan fundamental como el del propio paciente.

Fe, Ciencia y Psicoeducación

Mi fe ha sido otro pilar indispensable. Ser hija de Dios me recuerda cada día que no camino sola, que cada batalla trae consigo una enseñanza y que la gracia divina me sostiene incluso en los momentos más desafiantes.

A veces, en contextos de iglesia, se juzga a quienes atraviesan condiciones de salud mental, se les etiqueta o se les malinterpreta. Quiero invitar a las comunidades de fe a mirar con otros ojos: la salud mental no es un castigo ni una falta de fe. Es parte de nuestra humanidad, y atenderla también es honrar el cuerpo y la mente que Dios nos dio.

Creo que la oración y la fe se complementan con la medicina y la terapia. Para mí, ambas han sido caminos de sanidad. Dios obra a través de los profesionales, de los tratamientos, de las herramientas científicas que tenemos hoy, y también obra en la comunidad que nos rodea.

Muchas veces Dios nos recuerda lo que dice su palabra:

"Bástate mi gracia; porque mi poder se perfecciona en la debilidad." (2 Corintios 12:9)

Escribo estas líneas como un llamado a promover la salud mental y a romper los estigmas que aún existen. Durante mucho tiempo, la ignorancia llevó a etiquetar a las personas como "débiles", "incapaces" o incluso "endemoniadas"." Estas palabras no solo hieren, sino que alejan a quienes más necesitan apoyo.

Por eso creo profundamente en la psicoeducación. Educarse es un acto de amor. Cuando entendemos qué significa un diagnóstico, cómo se presentan los síntomas, qué tratamientos existen y cómo podemos ayudar, dejamos de juzgar y comenzamos a acompañar. La educación abre las puertas a la comprensión y cierra las de la discriminación.

Más allá de la familia y la iglesia, la comunidad en su conjunto juega un papel fundamental. Un vecino que escucha sin juzgar, un maestro que comprende, un compañero de trabajo que respeta los procesos, todos ellos son parte de esa red de apoyo que fortalece y da esperanza.

He aprendido que la salud mental se construye en lo cotidiano: en una conversación sincera, en un abrazo, en una palabra, de aliento. Cuando, como sociedad, nos unimos para cuidar a quienes enfrentan estas luchas, creamos un ambiente donde la sanidad es posible y donde la esperanza florece.

Mi vida no ha sido perfecta, pero he aprendido a ver cada experiencia como parte de un proceso. El diagnóstico de salud mental no me define; lo que me define es la forma en que respondo, la manera en que aprendo de cada caída y la capacidad de levantarme con más fuerza y conciencia.

Hoy puedo decir que cada recaída me ha enseñado algo nuevo: la importancia de la disciplina, la humildad para pedir ayuda y que no estoy sola. Además, me ha dado la oportunidad de servir a otros compartiendo lo aprendido. Un diagnóstico de salud mental no ha sido el final, sino el comienzo de una vida más consciente, con propósito, más solidaria y comprometida.

Quiero terminar esta reflexión con un llamado sincero:

- A quienes viven con un diagnóstico de salud mental: No se rindan. Su vida tiene valor, sus luchas no los definen, y siempre hay un nuevo amanecer.

- A los familiares: Gracias por estar, por sostener, por acompañar. Su amor transforma y es parte esencial del camino de sanidad.
- A las iglesias: Sean refugio, no juicio. La fe y la salud mental pueden caminar de la mano.
- A la comunidad entera: Eduquémonos, apoyémonos, derribemos el estigma.

Hoy sigo de pie, no porque nunca haya caído, sino porque aprendí que la caída es parte del camino, y el amor, la esperanza y la fe son siempre más fuertes.

"Pero los que esperan en el Señor renovarán sus fuerzas; se remontarán con alas como las águilas, correrán y no se cansarán, caminarán y no se fatigarán." (Isaías 40:31)

Conozcamos más de Alfaxad M. Sánchez

ALFAXAD M. SÁNCHEZ, mejor conocida como Merary Sánchez, nació en la República Dominicana, tierra que la vio crecer y que marcó profundamente sus raíces y valores. A la edad de 22 años, emigró a Puerto Rico, donde comenzó sus estudios universitarios en la Universidad del Sagrado Corazón, enfocándose en Administración de Empresas y Contabilidad. En 1997, Merary se trasladó a Boston, Massachusetts, ciudad que se convirtió en su segundo hogar y donde ha desarrollado gran parte de su vida personal, académica y profesional. Allí, culminó dos grados asociados en Administración de Empresas y Contabilidad en el Roxbury Community College, sentando las bases para sus primeros pasos en el ámbito profesional. Con el tiempo, su vocación tomó un nuevo rumbo hacia el campo de la psicología y la salud mental. En el año 2020, obtuvo su bachillerato en Psicología en la Universidad de Massachusetts, Boston, un logro que marcó el inicio de un camino de propósito y compromiso con el bienestar de los demás. Actualmente, Merary cursa una maestría en Consejería de Salud Mental y Psicología en la Universidad de Framingham State, con la firme meta de graduarse en diciembre de 2025. Más allá de los logros académicos, su mayor bendición es ser madre de dos preciosos hijos, a quienes considera regalos divinos y el motor de sus sueños. Ellos han sido su inspiración para perseverar y demostrar que con esfuerzo, fe y dedicación todo es posible. Durante los últimos 12 años, ha trabajado y servido a la comunidad con pasión y entrega, acompañando a familias y personas en procesos de superación personal, bienestar emocional y fortalecimiento de vínculos. Su experiencia laboral y su preparación académica se entrelazan con su deseo genuino de aportar esperanza, orientación y herramientas prácticas a quienes enfrentan desafíos en su vida cotidiana. Hoy, Merary Sánchez se define como una mujer resiliente, trabajadora y profundamente comprometida con su fe y su comunidad. Su historia es un testimonio de perseverancia y transformación, y su meta es continuar desarrollándose como profesional de la salud mental, con la visión de brindar apoyo a quienes lo necesiten, especialmente en la comunidad hispana, derribando estigmas y promoviendo una vida plena y saludable.

DECIMOSÉPTIMA
HISTORIA

HONRANDO A MI MADRE

Marisol Severino
Santo Domingo

16

HONRANDO A MI MADRE
POR MARISOL SEVERINO, REPÚBLICA DOMINICANA

Antes de escribir cualquier cosa sobre mí, Marisol Severino, tengo que honrar a mi progenitora, mi mentora de vida, mi amiga inseparable, Francisca Martínez y Cancú. Nació en Sánchez Samaná, República Dominicana, el 18 de septiembre de 1934 (hubiese cumplido 91 años). Su legado sigue, mientras yo viva, la honraré en el nombre poderoso de nuestro Señor y Salvador Jesucristo.

Ella me instruyó en los caminos del Señor, como dice Su palabra; y mientras viva, no dejaré de mencionarla por su gran labor y su misión conmigo, hasta su último aliento.

Les comparto que mi mamá tuvo una gravedad al momento de mi nacimiento; íbamos a morir las dos. Nos sacaron de emergencia de mi pueblo, Sánchez, para llevarnos al hospital principal de la provincia en Samaná. La única de mi casa que nació en Samaná fui yo, debido a la gravedad que vivimos mi mamá y yo en su vientre. Pero... Dios tenía un plan para ejecutarlo en mi vida y usó como instrumento a ese ser maravilloso, temeroso de Dios, a quien amaba. Ella era una asidua lectora y conocedora de las Sagradas Escrituras y, sobre todo, me enseñó con su vida lo que era vivir para Dios.

Aprendí a leer y escribir con la Biblia. No teníamos más libros ni podíamos comprarlos, pero sí teníamos la Biblia. Mi madre fue la superintendente de la Escuela Dominical de la iglesia local por décadas. Yo no estudié con libros, no teníamos recursos. En la universidad fue la primera vez que compré los libros básicos de mi carrera; todo lo demás era copias o ir a la biblioteca. Pero mis memorias las contaré en otra oportunidad, porque quiero dejar plasmado lo agradecida que estoy del Padre, Hijo y Espíritu Santo por tener una madre como la que tuvimos mis hermanos y yo; a quien nosotros describimos como: una mujer de fe inquebrantable, con principios y valores éticos, amorosa, consejera, abnegada, protectora, luchadora incansable, optimista, alegre, resiliente, una madre todo terreno, cinco estrellas. Siempre te recordaremos con amor, te amaremos por siempre.

Amados lectores, permítanme compartir algunas de las experiencias de vida con ella para que la conozcan un poco.

Recuerdo a un anciano de mi comunidad, que supuestamente no tenía familia ni a nadie cerca de mi casa, a quien mi madre todos los días limpiaba, le llevaba comida y lavaba sus ropas, pues no podía ir al baño. Lo curaba; ustedes entienden la misión a realizar con este anciano, a quien aprendimos a amar y servir. Nunca escuché a mi mamá quejarse o decir algo despectivo del anciano, lo hacía con tanto amor. Recuerdo que ella hervía su ropa a leña después de lavarla. Mis hermanos y yo nos sumamos a la misión, teníamos que ayudar a mamá. Esto marcó mi vida al punto de que recuerdo hasta el nombre del anciano, le decíamos Tima.

Otra cosa que me marcó es que nosotros vivimos cerca de la iglesia toda la vida. Nuestra casa está en la calle Duarte y la iglesia en la calle Sánchez; si visitan mi pueblo lo confirman. Y nos tocaba hacer de todo en la iglesia. Quiero decir, desde limpiar la letrina (para los que han conocido lo que es una letrina, que hoy se le llama inodoro o baño) hasta la hospitalidad de todos los visitantes invitados por nuestros pastores de turno. Es decir, me crie sirviendo en el Reino y para los santos del Señor. Nos sentíamos afortunados por esta misión tan especial de servicio, así nos enseñó ella.

Recuerdo también que, antes de construir el templo, siendo yo muy chica, la iglesia decidió comprarle casa al pastor cerca de la iglesia, porque tenía que viajar todos los días del campo al pueblo y la mayoría de las veces a pie, por lo menos el regreso. Y los cultos se terminaban cuando el Espíritu Santo lo indicaba.

Lo que quiero puntualizar es que hoy mi pueblo cuenta con un templo que fue el primero, y creo el único del concilio al que pertenezco, que cuenta con un bautisterio y que hemos tenido programas de radio y televisión en el templo. Y recuerdo cuánto trabajamos en mi casa para lograrlo. Mamá no pedía para ninguno de sus siete hijos, pero para construir la casa a Jehová pedía y pedía, al punto de dejarme participar en varios reinados y que su niña viajara a otros pueblos para recaudar fondos para hacerle una casa digna a nuestro Dios. Estábamos en un ranchito de tabla cayéndose, doblada totalmente. Mi mamá solicitaba en la alcaldía, en los negocios y a todos los que puedo recordar. Les pedía, pero papá Dios nos ayudó a ser parte de las cosas de Su Reino.

Desde que me conozco sirvo al Señor, ¡gloria a Dios por esto! Soy privilegiada, bienaventurada. ¡Qué honor me ha concedido el Señor! Quiero terminar con gozo mi carrera hacia la eternidad.

No puedo olvidar aquellos momentos del altar familiar. No era negociable, siempre había ese tiempo de intimidad con Dios, los matutinos. Recuerdo que nos acostaba después para ir a la escuela. Siempre nos recomendaba buscar al Señor de mañana y nos despertaba con esas canciones: "Al Señor buscaré de mañana" y otro que recuerdo es: "En la mañana en la oración mi Dios me habla al corazón". Nos enseñaba a dirigir un servicio, cómo adoraba ella con tanta devoción y entrega. Me encantaba oírla cantar, aprendí a hacerlo por sus enseñanzas. Siempre nos aconsejaba no entristecer al Espíritu Santo y respetar el púlpito.

Mi mamá era generosa, dadivosa y muy compasiva. En la casa no se cocinaba solo para nosotros; siempre ella tenía a alguien en mente para darle de comer. Como teníamos propiedad en ese tiempo, cuando las cosechas, ella hacía una lista para sacarles sus víveres antes de venderlos. Se mataba un animal y lo compartía con sus vecinos, como acostumbraba.

Por otra parte, cuando ella ya no podía asistir a la iglesia por asuntos de salud física, recuerdo esa lista con un sobre que enviaba con nosotros, con los diezmos, ofrendas, primicias, para las damas, para el club Dorcas. Era una lista interminable de todos los ministerios en la iglesia, ella cooperaba con todos. Increíble, pero muy cierto y para recordar. Siempre nos decía: "Que no sepa tu mano izquierda lo que hace la derecha". ¿Tengo o no motivos para hablar de mi madre?

Cuando mi mamá me daba las últimas pautas de vida que me hizo escribirlas, me impactó que me dijera esto (me hace llorar cada vez que me acuerdo): "Sé que tú no vas a cambiar, que seguirás con ese corazón sensible que tienes, mi hija". Esas palabras retumban en mi mente y solo pido a mi Dios honrarlo siempre, amarlo con todo lo que soy. Ella cumplió su misión conmigo. ¡Qué madre nos gastamos mis hermanos y yo!

Hubo coincidencia o propósito de Dios, como siempre nuestro Padre hace lo que quiere con Sus hijos. Esa tarde, específicamente el jueves 7 de septiembre de 2023, mi esposo me pasó a recoger del trabajo y nos dirigimos a visitar a un pastor amigo que ya estaba postrado con una enfermedad degenerativa, que lo mantenía discapacitado para valerse por sí solo. El Señor nos había tocado para, en lo posible, ayudar, no con mucho, pero algo. A la misma hora, mis hermanos estaban llevando a mi mamá a su cardiólogo de cabecera porque ella no se sentía bien y pidió llevarla. Pero antes preguntó por una enfermera que siempre la asistía y a quien consideramos parte de mi familia, una hija más. Y les dice: "Qué raro que ella no me ha visitado estos días que me he visto tan mal". Mis hermanos le informaron que estaba recién operada y ella no quería que mi mamá lo supiera. Pues mi mamá, con su emergencia médica, pidió que la llevaran a visitarla antes de ir a la clínica. La visitó y realizó su última misión: oró con ella, que ya está huérfana de madre. Y entonces la llevaron al cardiólogo. Tanto mi mamá como yo estábamos a la misma hora visitando enfermos. Pero lo loable de esto era que mi mamá estaba viviendo sus últimas horas de vida y tenía una emergencia médica: le estaban dando pequeños infartos. Dos o tres horas después le dio un infarto fulminante y partió a la presencia de su Padre Celestial.

Ella murió haciendo lo que siempre yo veía hacer: practicando la vida en Cristo como su seguidora, no de palabras, sino de hechos.

Mi mamá se crio con una madrastra muy buena, por cierto; esa fue la abuela que conocimos mis hermanos y yo. Su mamá murió siendo ella una niña. Hubo una vez un temblor en mi pueblo y a ella, pequeña, le cayó la casita encima y de ahí la sacó el Señor con vida para cumplir Sus propósitos en ella. Todo mi pueblo presenció el rescate de mi mamá.

Cuando regresé al país de mis vacaciones el martes 10 de enero de 2023, llamé a mamá para decirle que llegamos bien, solo dejaríamos las maletas en la casa para irnos a verla. Ya habían pasado diez días de entrar este nuevo año y me urgía verla. Me dijo que lo dejara para el jueves 12 de enero, porque tenía cita en San Francisco de Macorís, en el Hospital Siglo XXI.

El jueves 12 de enero de 2023, sentadas nosotras dos juntas como siempre, me dijo: "¿Tú sabes para dónde yo voy, mi hija?", y hasta que no le contesté no continuó hablando. Le dije que sí, le dije: "¡Ay, mamá, no comencemos este año así, no me hagas esto!", y comencé a llorar. Me dijo: "Ves por qué te digo, no llores, ten fuerza, cántame mis himnos...". "No voy a poder", le dije, "no me comprometas, usted sabe cómo soy". "Recuerda lo que siempre les digo: protéjanse, ámense, cuídense como hermanos y familia", me volvió a repetir lo mismo: "si cada uno tiene algo, se unen y no pasan trabajo. No le hagan mal a nadie, denle un plato de comida aun a sus enemigos, sirvan a la gente. Mari, a ti es que te conviene amar, perdonar, servir". Mi mamá estaba tratando de prepararme para su partida. No lo logró, me siento vacía sin ella, con tristeza profunda. Nada suple sus consejos sabios y oportunos, su amor incondicional, su presencia. Así pienso y así siento hasta hoy.

Fuimos marcados por mamá en todo lo que hacía. Ella era una guerrera resiliente. Nos compartió su esencia, el amor a Dios con su mente, con su corazón, con toda su fuerza. Su dedicación, entrega y servicio incansable para la obra en el cuerpo de nuestro Señor y

Salvador Jesucristo, Su iglesia, en cualquier cargo al que ella fue nombrada. Fue relevante, entendía que solo era una colaboradora en el Reino de Dios, que el querer como el hacer, es nuestro Dios quien lo produce en nosotros. (Filipenses 2:13).

Hasta sus últimos días decía que todo lo que hacía era para Su gloria. Y eso nos consta a todos nosotros como familia.

Hasta en las últimas horas de su vida, el jueves 7 de septiembre en la tarde, realizó su última visita (ella no podía), pero como dicen las Sagradas Escrituras:

> "La religión pura y sin mácula delante de Dios el Padre es esta: Visitar a los huérfanos y a las viudas en sus tribulaciones, y guardarse sin mancha del mundo" (Santiago 1:27).

Por más de cinco décadas, mi mamá padeció de asma crónica. Esto desencadenó otras enfermedades catastróficas en ella, como un corazón grande y lento. Nunca se quejaba, recuerdo de niña que cuando le daban esas crisis solo nos decía: "Oren, no lloren". Nos enseñó que la oración y la adoración son armas de destrucción masiva del mal, contra nuestras vidas.

No importa por la situación que tú estés pasando, el desierto árido, esos momentos duros y amargos de los procesos constantes, donde no ves la luz al final del túnel, donde todos te han abandonado, despreciado, ignorado, mi Padre, tu Padre, tiene un plan para ti. Él no improvisa nada, Él es perfecto y siempre llega a tiempo. Búscalo, pídele siempre todo sin reservas, no te guardes nada. Él está pendiente de ti, Él es detallista, nunca descuida Su rol, nunca está ocupado para atendernos. Conquista tu intimidad con Él, no hay nada como intimar con Él, te sientes protegido, mimado, amado, inclusive, nunca ignorado. A ese Dios todopoderoso te presento, que te ama. Acepta Su amor eterno hoy.

Conozcamos más de Marisol Severino

Marisol Celeste Severino es oriunda de Sánchez, Samaná, República Dominicana. Es la menor de las mujeres en una familia de siete hermanos, seguida solo por sus hermanos varones. Ha servido a Dios desde que tiene uso de razón, un privilegio de vida por el cual se siente agradecida; fue bautizada en agua aproximadamente a los 11 años de edad. En su formación académica, cursó sus estudios primarios en la Escuela Pablo Pumarol, y sus estudios secundarios en el Colegio Academia Duarte. Realizó sus estudios universitarios en la Universidad Dominicana O&M, donde fue parte del primer grupo de siete licenciadas en Ciencias Secretariales de su país. Ha complementado su educación con numerosos cursos extracurriculares, incluyendo Producción de Televisión en la Escuela Nacional de Arte Escénico, Cine, TV, Inc., y es Locutora de Profesión, habiendo estudiado en la Escuela de Locución Esdras. Está casada por más de 40 años con el Lic. Marcos Severino, y tienen un hijo único, el Arq. Marcos Severino Martínez. A nivel eclesiástico, y por la gracia de Dios, Marisol ha ocupado diversos cargos en su concilio en República Dominicana. Fue Directora Nacional de Jóvenes, Directora Nacional de Comunicaciones, Directora Nacional de Relaciones Públicas y Secretaria Nacional de la Oficina del Concilio. Además, fue conductora y productora del programa de televisión Visión Ahora, el primer programa en vivo producido por dominicanos en televisión estatal, y del programa de radio Bloque Radial de la Profecía en Radio Ven la Voz Evangélica Nacional. Actualmente, es la CEO del Programa de Radio y Televisión Conectados con Dios desde 2015 en Boston, con extensión en Santo Domingo. Ella y su familia sirvieron como pastores durante seis años y seis meses en Worcester, MA, en el periodo 2009-2015, lo cual fue un gran honor. En su formación teológica, ha realizado estudios en el Gordon-Conwell Theological Seminary (actualmente en proceso), además de otros estudios realizados en el concilio de la Iglesia de Dios de la Profecía, al cual pertenece, específicamente en sus institutos como el Instituto de Entrenamiento Bíblico (IEB) y el Centro de Liderazgo Bíblico (CLB).

DECIMOCTAVA
HISTORIA

EL VALOR DEL PROCESO EN LA VIDA HUMANA Y ESPIRITUAL

Sheila Dávila
New Bedford, MA

17

EL VALOR DEL PROCESO EN LA VIDA HUMANA Y ESPIRITUAL

PASTORA SHEILA DÁVILA, NB, MA

Cómo el Sufrimiento, las Pruebas y la Perseverancia Fortalecen la Fe, el Carácter y la Esperanza en Dios

Todo en la vida nos habla de proceso, incluyendo el ciclo de la vida humana: **La infancia, la adolescencia, la juventud, la adultez y la vejez.**

También la naturaleza sigue procesos, como el de una planta (que tarda alrededor de 21 días, dependiendo del ambiente): plantación, germinación, crecimiento, reproducción, respiración y fotosíntesis. Después de su proceso, llega la floración, el desarrollo del fruto y la maduración. El proceso de la mariposa o metamorfosis (que tarda de 21 días a 1 mes) incluye el huevo, la larva, la crisálida y, finalmente, la mariposa. Antes de extender sus alas y alcanzar el vuelo, hay un proceso.

Todo esto demuestra que no podemos evitar, interrumpir o interferir en el proceso. Todo nuestro proceso tiene un principio, un tiempo, un propósito y un final que no es para siempre, y trae crecimiento, maduración, producción, desarrollo, floración y vuelo.

¿Cuándo llega el proceso a nuestra vida?

JOB PREGUNTÓ: "¿Para qué me sacaste del vientre de mi madre?" (Job 10:18). En medio de su proceso y sufrimiento, él inquiría por qué Dios lo había hecho nacer para experimentar tanto dolor, prefiriendo no haber existido. Era un hombre temeroso de Dios, pero el proceso fue severo y doloroso: perdió sus bienes, a sus hijos y la enfermedad llegó. Para colmo, sus tres amigos, Temán, Bildad y Elifaz, actuaron como jueces y abogados, en lugar de consolarlo.

Mi proceso personal comenzó en 2009. Una mañana desperté sin poder moverme, peinarme, ni lavarme la boca por mí misma. Estuve 15 días sin poder valerme. En el hospital, a pesar de múltiples laboratorios, no había una explicación clínica. Tres meses después, desperté con la boca hinchada y sin poder hablar bien.

Me enviaron de emergencia a un otorrinolaringólogo, pues mi boca y lengua estaban hinchadas, adoloridas, sangrando y supurando pus. Se realizaron biopsias y cultivos, pero los resultados seguían saliendo "bien". Los médicos comenzaron a sugerir que todo era causado por ansiedad, depresión y estrés.

Tres meses después, desperté peor; la hinchazón me había afectado los ojos. Me vieron varios especialistas (generalistas, infecciólogos, cardiólogos, reumatólogos, neurólogos, ginecólogos, oftalmólogos, alergistas), y todas las pruebas seguían saliendo bien. Comencé a frustrarme, como Job, por no entender el porqué de aquel sufrimiento.

Mi fe se fue ahogando, y sentía que nadaba con un solo pulmón. Cada nuevo brote (*flare-up*) era más severo. Luego, la condición comenzó a afectar partes íntimas de mi cuerpo. No podía orinar, mi zona íntima estaba hinchada, en carne viva, sangrando y supurando pus, lo que me obligaba a orinar en agua fría y con anestesia. Tampoco podía comer ni hablar, y solo podía tragar agua lentamente, usando anestesia en la boca, para hidratarme.

Yo sabía lo que decía Romanos 8:28 *"Toda obra para bien a aquellos que aman a Dios"* y Salmos 23:4 *"Aunque ande en valle de sombra de muerte, no temeré mal alguno, porque tú estarás conmigo"*, y que mi socorro "viene de Jehová "(Salmos 121).

Sin embargo, se me hacía difícil mirar al cielo. Conocer la Palabra no evitó mi montaña rusa de emociones, sentimientos y pensamientos. El día de mi boda (11/19/2011), no pude comer el pastel ni pude tener luna de miel, pues el doctor tuvo que inyectarme temprano para que las fotos salieran lo mejor posible.

Me fui a la cueva de Adulám como David, con mi soledad, aflicción, dolor y frustración. Pedí las alas que David pidió para volar como paloma (Salmos 55:6), deseando escapar de aquel viento borrascoso y huir al desierto. Sentí que las aguas entraron hasta mi alma (Salmos 69), hundida en un lodo cenagoso, donde la corriente me anegaba. Estaba cansada de clamar; mi garganta se enronqueció y mis ojos desfallecieron esperando a mi Dios.

Dios tenía un propósito

Recuerdo una mañana en que me postré a orar, y mis lágrimas fueron mi oración. Escuché una alabanza que decía: "Acércate al Señor con gratitud... y alza tu voz con júbilo". Él me pidió dar gracias y adorar en el momento más oscuro. Lo canté mentalmente, gritándolo con esfuerzo para que mis lágrimas no cayeran cerca de mi boca. El Espíritu Santo intercedió por mí con gemidos indecibles (Romanos 8:26).

El Espíritu Santo nos ayuda

En nuestra debilidad, cuando no podemos verbalizar nada ni emitir ningún sonido, Él toma nuestro lugar y expresa al Padre lo que necesitamos. El Espíritu Santo es nuestro Paracleto, Consolador, ayuda, Consejero, Defensor e Intercesor.

En mi proceso no faltaron los "Temán, Bildad ni Elifaz" (amigos de Job) ni el religioso que decía: "Tienes que orar más, ayunar más y confiar más". Pero en mi proceso, Dios nunca me faltó. Su Palabra fue mi refugio, sustento, ancla y seguridad. La iglesia, su amor, su oración, su cuidado y apoyo fueron importantes; mis pastores Carmen Rivera y José Rosa nunca me soltaron.

Luego de varios años, finalmente dieron con mi diagnóstico clínico: la enfermedad de desorden autoinmunológico, Enfermedad de Behcet. Esta condición provoca vasculitis, inflamación de los vasos sanguíneos, problemas del sistema nervioso, visión borrosa, dolor crónico, coágulos, inflamación del encéfalo y la médula, pudiendo causar ceguera e invalidez.

Al escuchar esto, el doctor me dijo: "Señora Dávila, lo siento mucho, pero no hay cura para esta enfermedad. Solo existe tratamiento: antiinflamatorios, inmunosupresores, infusión intravenosa, prednisona y medicamentos para suprimir el sistema inmunitario".

Ante un diagnóstico tan devastador, la ansiedad, la depresión y los ataques de pánico comenzaron a desarrollarse. Por un tiempo fui tratada por la ansiedad hasta que un verso me encontró: Proverbios 18:14:

"El ánimo del hombre soportará su enfermedad, ¿más quién soportará el ánimo angustiado?".

Un día, en el estacionamiento del supermercado, comenzaron los síntomas: me hinché rápidamente y la boca me empezó a arder. Rápidamente saqué el polvo y el brillo labial, me miré al espejo y dije: "No más desánimo. Todo lo puedo en Cristo que me fortalece" (Filipenses 4:13).

El ánimo es crucial ante algo crónico

Lloré, me apliqué un poco de maquillaje, me tomé una foto, me esforcé y sonreí al espejo. Me dije a mí misma: "Aprende a vivir con el mejor ánimo del mundo". La Palabra fue mi animadora en todo tiempo. Proverbios 17:22 dice: "Un corazón alegre es la mejor medicina; un ánimo deprimido destruye todo el cuerpo".

Parte de la sanidad es tener un buen ánimo. El ánimo es medicina; a veces, parte de la cura y el alivio está dentro de nosotros mismos, no afuera.

Dios decía que yo sería pastora, y yo me preguntaba: "¿Cómo?". Pero abracé la fe, fortalecí la esperanza, trabajé mi ánimo y me enfrenté a ese gigante llamado enfermedad. No fue con espada ni con ejército, sino con Su Santo Espíritu. Conocí a Dios como nunca antes: Lo conocí como mi Rafa ("Sanador"), mi Shalom ("Paz"), mi Roi ("El que me ve"), mi Adonai ("Mi Señor"), mi Abba Padre ("papito, papi, papá"). Sentí Su gran amor paternal.

El proceso me acercó más a Él, Lo conocí a fondo y me llevó a no abandonar mi fe, mi carácter ni mi fidelidad y liderazgo. Tres cosas se prueban en el proceso: Fe, Carácter y Fidelidad.

Pastorea tu alma en el proceso. Salmos 103 nos exhorta: "Bendice, alma mía, a Jehová, y bendiga todo mi ser su santo nombre. Bendice, alma mía, a Jehová, y no olvides ninguno de sus beneficios".

Yo me esforzaba por recordarle a mi alma que no olvidara ninguno de Sus favores, misericordias y rescates. Salmos 42:5 pregunta: "¿Por qué te abates, alma mía, y te turbas dentro de mí? Espera en Dios". Invita a tu alma a esperar y alabar.

La Palabra es el sustento:

- Te ayuda a manejar las emociones
- Mantiene el equilibrio
- Brinda fe, esperanza y consuelo
- Rescata la vida del hoyo
- Saca nuestros pies del pozo cenagoso y lodo de desesperación.

Si pacientemente esperas a Jehová en el proceso, Él pondrá tus pies sobre peña y te regalará un cántico nuevo. Date permiso para llorar, gritar, sentirte mal y hacer preguntas. No reprimas lo que sientes; llévalo a la cruz y habla con Papá. Dios no dejará de amarte por cómo te sientas, ni cambiará la opinión que tiene de ti. No te presiones; ve un día a la vez.

Rogué como Pablo

Rogué que fuera quitado aquel aguijón. No rogué tres veces, rogué cien veces, y el Señor me dijo en 2 Corintios 12:9: "Bástate mi gracia, porque mi poder se perfecciona en la debilidad."

Me sentí como Pablo en su cuarto viaje a Roma (Hechos 27), cuando se ocultó el sol, la luna y las estrellas. Me sentí a la deriva, la brújula de mi barca se rompió. Pensé que perdería la vida, pero seguí confiando en medio de aquella tormenta de enfermedad. El ángel del Señor le dijo a Pablo: "No perderás la vida. Es necesario". Sin proceso y sucesos, no hubiera habido un resultado. ¿De qué hubiera escrito Pablo en sus 13 cartas, de qué iba a aconsejar o testificar? El apóstol que más alcance geográfico obtuvo tuvo que padecer mucho.

El proceso de Pablo (2 Corintios 11:24-28) incluyó azotes, naufragios, peligros de ladrones, hambre, frío y, además de todo, la preocupación por todas las iglesias.

El proceso parece que te está quitando, pero Dios te está dando. Parece que estás perdiendo, pero estás ganando. Parece que Dios te está restando, pero te está sumando. Parece que estás perdiendo la vida, pero Él te está dando forma. No se crece sin proceso; no se aprende sin proceso. Sin debilidad, no hay perfección.

Puedes sentirte como la planta o la mariposa, pero Dios se va a glorificar. Es cuestión de confiar, esperar, agradecer, resistir y no desmayar.

El proceso de Daniel incluyó el cautiverio, ser acusado de traición y ser arrojado al foso de los leones. El resultado fue que se convirtió en gobernador de la provincia de Babilonia y Ministro del rey, manteniendo su fe, rectitud e integridad. El proceso de José incluyó ser rechazado, burlado, encarcelado y echado en una cisterna. El resultado fue que se convirtió en segundo al mando de Egipto, salvó a su familia de la hambruna y fue investido con la máxima autoridad.

Sigue adelante en tu proceso. No te rindas, no desmayes. Hoy, por Su gracia y favor, mi esposo y yo pastoreamos una hermosa congregación en New Bedford, Massachusetts, que fue testigo y parte de este proceso. Dios cumplió Sus promesas. Si te mantienes fiel y firme, Él cumplirá las tuyas. Lo hizo conmigo, con Pablo, Daniel, José y Job. Él lo hará. Sin mi proceso, tampoco hubiera podido escribirte mi historia. Que Su Palabra sea el rescate en medio de tu proceso.

Conozcamos más de Sheila Dávila

LA PASTORA SIRVE en la Iglesia de Dios Ministerio de Restauración en New Bedford, MA. Está casada desde hace 14 años y es madre de cuatro hermosos hijos. Lleva 17 años sirviendo al Señor. Su formación incluye estudios en el Instituto Bíblico de la Iglesia de Dios Región Nueva Inglaterra, además de participar en seminarios sobre salud mental y educación cristiana. Antes de asumir el pastorado, desempeñó diversas funciones dentro del ministerio de la iglesia local, como líder de limpieza, maestra de escuela bíblica, diácono y consejera de la iglesia. Durante muchos años, fue el apoyo principal de sus pastores. Expresa profundo agradecimiento a sus pastores, el Obispo José A. Rosa y la Pastora Carmen L. Rivera, por su apoyo, ayuda, enseñanzas y cuidado, y, sobre todo, por creer en su ministerio. Los considera una escuela de formación y un ejemplo fundamental en su vida. Siente una gran pasión por la lectura y la enseñanza de la Palabra del Señor. Le entusiasma visitar hospitales, visitar a los ancianos y llevar servicios a los hogares. Encuentra en la naturaleza su lugar predilecto para relajarse. Desde que tenía siete años, su padre recibió una palabra profética que hoy se ha materializado al tener el privilegio de pastorear. Proviene de un hogar de seis miembros con un sólido fundamento en la fe. Tuvo una excelente infancia, fue atleta en Puerto Rico, campeona de patinaje y modelo profesional. En 2004 se mudó a New Bedford, MA, donde reside actualmente.

DECIMONOVENA
HISTORIA

LOIDA Y EUNICE: UN EJEMPLO PARA LAS GENERACIONES

María L. Callejas
Medellín, Colombia

18

LOIDA Y EUNICE: UN EJEMPLO PARA LAS GENERACIONES

POR MARÍA LIGIA CALLEJAS, MEDELLÍN, COLOMBIA

El apóstol Pablo escribe a su "amado hijo" (2 Timoteo 1:2) en esta carta, expresando su profundo afecto por el joven Timoteo y valorando la labor realizada por su abuela Loida y su madre Eunice, ambas judías. Pablo afirma que ellas perseveraron en la doctrina de sus antepasados, seguramente basándose en el principio de Deuteronomio 4:6-8 y 6:6-9, unido ahora a la fe alcanzada por medio de Jesucristo.

El apóstol hace una referencia intencional a la religión y ciudadanía del padre de Timoteo, quien era griego (Hechos 16:1), lo que implica que no era creyente ni convertido (Hechos 16:3b).

La labor de estas dos mujeres es admirable: con tiempo, sabiduría, instrucción, amor, paciencia y determinación, y contra todo pronóstico, su esfuerzo dio fruto. Amigas, si a veces observan mujeres solo quejándose, tomen la decisión de que ese ya no será su caso.

La fe genuina e inquebrantable que poseían madre y abuela fue la poderosa influencia que Timoteo recibió desde su niñez. 2 Timoteo 3:15 dice: "Y que desde la niñez has sabido las Sagradas Escrituras, las cuales te pueden hacer sabio para la salvación por la fe que es en

Cristo Jesús". De esta manera, Timoteo fue preparado para saber a quién abrir su corazón, y lo hizo al Hijo de Dios, su Salvador.

El apóstol se refiere al discípulo como "verdadero hijo en la fe" (1 Timoteo 1:2) y afirma que su fe era "genuina, no fingida" (2 Timoteo 1:5), una fe que habitó primero en su abuela y su madre (2 Timoteo 1:5b).

Habitar, tanto en hebreo como en griego, implica permanecer, residencia estable y profunda, morar (1 Timoteo 1:5). Esta es la fe que mora y permanece en el amado "hijo en la fe" del apóstol Pablo.

Ahora, el mentor tiene en sus manos un terreno abonado y la tarea de formar al futuro pastor de Éfeso en su carácter espiritual y ministerial. Pablo y Timoteo se encuentran en Listra, donde los hermanos de la iglesia dan fe del testimonio de Timoteo (Hechos 16:1-2). El apóstol, siendo el tercer personaje influyente en la vida del joven, quiso que este fuese con él y le circuncidó (Hechos 16:3).

Pablo le insta (1 Timoteo 4:12-16) a:

1. Ser ejemplo (v. 12).
2. No permitir el menosprecio por su juventud (v. 12).
3. Exhortar, enseñar y leer (v. 13), aprovechando que venía de ser un excelente lector por la disciplina judía.
4. Estar ocupado en esto (v. 15).
5. Priorizar Su vida y la doctrina (v. 16).

Además, le aconseja (2 Timoteo 1:6-7) a: avivar el fuego del don de Dios (v. 6), ser valiente y con dominio propio (v. 7), y no avergonzarse (v. 8).

Finalmente, el apóstol sella este tratado sobre Timoteo, su "amado hijo" (2 Timoteo 1:2), con esta exhortación (2 Timoteo 3:14-15): "Pero persiste tú en lo que has aprendido y te persuadiste, sabiendo de quién has aprendido; y que desde la niñez has sabido las Sagradas Escrituras, las cuales te pueden hacer sabio para la salvación por la fe que es en Cristo Jesús."

TIMOTEO ES el resultado de una fe desarrollada que trasciende en casa, en la calidez de un hogar que no fue perfecto, pues en las crisis y conflictos es donde la fe crece, se fortalece, busca soluciones y resuelve.

Un Testimonio Inspirador

Elvira, una madre de Antioquia, Colombia, también sirve de inspiración. Ella tuvo doce hijos, tres abortos naturales y dos niños fallecidos, sumando un total de diecisiete embarazos. En su fe católica, siempre rogó al Señor con el anhelo profundo de tener un hijo sacerdote. Más tarde, se convirtió al Señor y Su petición cambió a que Dios le concediera un hijo pastor. Dios le contestó, permitiéndole ver, antes de morir, a cuatro hijos pastores, multiplicando así su petición. Gran parte de su familia —hijos, nietos y bisnietos— caminan hoy con Cristo.

Reflexión y Llamado

Querida amiga(o), este hermoso cuadro de fe debe alentarte a tomar decisiones y a crecer en tu vida como creyente.

¿Te das cuenta de la poderosa influencia que Dios quiere que seas? ¿Cuánto podemos aportar nosotras como mujeres de fe a nuestras futuras generaciones? ¿Qué concepto tienen nuestros hijos y nietos de nosotras como mujeres de Dios?

Tú y yo podemos, con la ayuda de Dios, cambiar nuestro mundo y el de los nuestros.

Ven, ora conmigo por esa herencia y fruto de tu vientre, con el Salmo 127:3-5:

"He aquí, herencia de Jehová son los hijos; Cosa de estima el fruto del vientre. Como saetas en mano del valiente, así son los hijos habidos en la juventud. Bienaventurado el hombre que llenó su aljaba de ellos; No será avergonzado Cuando hablare con los enemigos en la puerta."

Con cariño,

Tu amiga, María Ligia Callejas de T.

Conozcamos más de María Ligia Callejas

Nacida en Medellín, Colombia, María Ligia es una mujer de fe firme, corazón generoso y espíritu servicial. Se describe a sí misma como una persona cariñosa, empática y entregada, con un temperamento fuerte que ha aprendido a poner al servicio del amor y la verdad. Está casada hace 45 años con Carlos Arturo Torres Arango y es madre de tres hijos —un varón y dos mujeres—, a quienes considera su mayor bendición y testimonio de la fidelidad de Dios. Durante 38 años ha servido como Ministra Cristiana en la FCB (AD), llevando un mensaje de esperanza y restauración a través de la enseñanza y el acompañamiento espiritual.

En su formación académica, es Teóloga del Seminario Bíblico de las Asambleas de Dios en Colombia, Auxiliar de Enfermería del SENA (Servicio Nacional de Aprendizaje), y Bachiller del Colegio Carmelita Arcila en Medellín, Colombia. Su vocación pastoral y su formación en el ámbito de la salud le han permitido integrar la fe y el servicio desde una mirada profundamente humana.

Adicionalmente, cursó el Diplomado en Conciliación Familiar en la Universidad Pontificia Bolivariana (UPB) de Medellín, y obtuvo el Certificado en Salud Mental y Adicciones en la Universidad Interamericana de Puerto Rico. También fortaleció su llamado al servicio mediante estudios en Teología Bíblica en el Seminario Bíblico de Colombia. A lo largo de su vida, María Ligia ha sido ejemplo de entrega, oración y amor incondicional, inspirando a muchas mujeres a creer que la fe sana, sostiene y transforma.

Actualmente, ella y su esposo están enfocados en el desarrollo de la obra a través de KOinonia Internacional, sumándose a iglesias locales, pastores y equipos de trabajo.

CONCLUSIÓN

NO TE CANSES DE AMAR

EDNA L. ISAAC

CONCLUSIÓN
NO TE CANSES DE AMAR

POR EDNA L. ISAAC

Amados lectores, hemos llegado al final de nuestro libro y mi corazón se desborda de gratitud al ser testigo de estos escritos tan poderosos que han traspasado las fibras más profundas del alma. En cada historia y en cada relato se percibe la humildad, la sinceridad, y el corazón de estas coautoras excepcionales, mujeres que merecen todo nuestro respeto y admiración. Mientras leía cada relato, mis ojos se llenaban de lágrimas, y mi corazón se regocijaba en la presencia de Dios al conocer historias que no había escuchado antes de tanto impacto que tocaron mi corazón y sé que también le tocarían a usted. En realidad, no tengo palabras para agradecer a Dios por cada una de estas mujeres que aportaron su escrito para este libro. Cada una de estas narrativas, contadas desde el alma, no caerá en el olvido, sino que ha sido inmortalizada para las próximas generaciones. Damos las gracias a cada una de ellas, y esperamos, amado lector, que, al llegar a esta página, tu corazón también rebose de gratitud por haber tenido la oportunidad de leerlas y de ser tocado por su verdad.

La Amistad en un Mundo de Desconfianza

Nuestra sociedad actual evidencia una profunda carencia de verdaderos amigos. Vivimos en un mundo que constantemente incita a luchar por los propios derechos, desanima a quienes desean amar incondicionalmente y se burla de quienes anhelan un amor basado en la fidelidad incondicional. Este tipo de afecto ha sido etiquetado como obsoleto, pues la narrativa predominante impulsa a buscar lo propio en primer lugar.

Incluso somos enseñados desde pequeños a "amarnos a nosotros mismos primero" y a "no dejar que nadie nos tome por tontos", lo que inadvertidamente siembra la semilla de la desconfianza. Recuerdo haberme criado con la frase que luego repetí a mis hijos: "No confíes en nadie". Si bien estoy de acuerdo en la necesidad de ser prudentes y cuidadosos, esa connotación negativa me ha costado muchas oportunidades y ha provocado momentos en que he saboteado mi propio éxito por esa incapacidad arraigada de no confiar.

Necesitamos cambiar esta narrativa y sembrar en las próximas generaciones el amor, la confianza, la lealtad, y el respeto mutuo. Necesitamos dar el ejemplo que Eunice y Loida ejercieron en la vida de Timoteo, necesitamos una generación llena de amor, no odio, llena de paz, no caos, llena de empatía, no narcisistas. Necesitamos encarnar la Palabra que dice en Proverbios 18:24: "El hombre que tiene amigos ha de mostrarse amigo, y amigo hay más unido que un hermano."

Me encanta ser positiva y creer en las oportunidades, y creo que aún existen amigos. Aún se puede confiar. Aún se puede amar. Comencemos por el principio: mostrándonos como amigos si verdaderamente deseamos tenerlos y cultivarlos.

Un Llamado a la Conexión Genuina

Los seres humanos fuimos diseñados por Dios para vivir en amistad y armonía, y para compartir con otros. Lamentablemente, las experiencias de la vida nos aíslan, y muchas veces preferimos mantenernos al margen, ya sea por desconfianza o por haber sufrido traición, engaño o maltrato.

Sin embargo, hoy te hacemos un llamado para que te acerques a alguien y busques una amistad verdadera. Recuerda que la amistad auténtica sufrirá en diferentes maneras, o pasará por diferentes etapas, pero lo importante es mantenerse firme en las buenas y en las malas. Dios nos sostendrá en todo momento; Él es nuestro ayudador y consolador inquebrantable.

No te canses de hacer el bien. No te canses de amar. No te canses de dar oportunidades. Después de todo, imita a Jesús, quien fue amigo hasta el final, incluso al expresar aquellas palabras en la cruz del Calvario: "Perdónalos, porque no saben lo que hacen."

Proponte amar, aunque ese amor no sea correspondido. Ora a Dios para que aleje de ti a las personas que te perjudicarán y, en cambio, te acerque a amigos que te ayudarán a crecer en el Señor y a marcar una diferencia.

El Amor que Traspasa el "Yo"

Como nos compartió Marisol Martínez en su hermoso prólogo "Más allá del 'YO'", la verdadera amistad requiere una redefinición. No es solo saludarnos de vez en cuando en redes sociales; es algo mucho más profundo.

Ser amigo significa decir presente cuando otros se van. Es quitarte la capa y la túnica y entregarla, aunque te quedes despojado. Es estar presente en los momentos más dolorosos y en las alegrías más emocionantes. Es amar desinteresadamente y darlo todo sin esperar nada a cambio.

Me viene a la mente el ejemplo de una supuesta "amiga" que tuve mucho tiempo atrás: ella era mi "amiga" mientras yo le daba todo lo que me pedía. Era yo la única que siempre daba, la que me sacrificaba, y atendía a todos sus pedidos, pero nunca venía nada de su parte. Lo hacía con desinterés y amor porque siempre que tenía una amistad yo personalmente, me entregaba del todo, por eso dejé de tener "amigas". Me quedé con un solo amigo, Jesús. Pero está supuesta amiga pensé yo, que nos llevábamos muy bien. Sin embargo, en cuanto mis finanzas cambiaron y no tuve ni para mí, la amistad se desvaneció, ella simplemente desapareció. Eso no es ser amigo. El amigo no demanda, no pide, no exige. Todo lo contrario: está dispuesto a dar y a bendecir, sin esperar recompensa, porque sabe que todo lo que uno hace, lo hace como para Dios y no para los hombres.

Amemos como Jesús

Aprendamos a amar como lo hizo Jesús: Él dio Su vida por Sus amigos. Que este libro sea un catalizador para que tu vida se convierta en una extensión de Su amor incondicional. Pero sobre todo enseñemos a nuestros hijos que todavía podemos amar y tener compasión. Dejemos un legado que trascienda, dejemos un legado que hable más que mil palabras. Amemos de corazón y no por interés propio. Amemos sacrificialmente, demos sin esperar nada a cambio. Demos más de lo que recibimos y no lo saquemos en cara, a la larga la recompensa viene de Dios. Entreguemos todo aunque no seamos igualmente correspondidos. Pues después de todo, no hay mejor recompensa que la que viene de Dios.

Cuando el Apostol le decia a la Iglesia, especialmente a los hombres, en el versiculo 25 del capitulo 5,

> "Maridos, amad a vuestras mujeres, así como Cristo amó a la iglesia, y se entregó a sí mismo por ella,"

Así de esa manera es que debemos amar y no solo a nuestros maridos. En otras palabras, Cristo sabía que la Iglesia sería infiel, malagradecida, ignorante en muchas ocasiones, fría, o desuidada, y contaminándose con otros ídolos, sin embargo, aún así se entregó por ella.

Si amáramos de esta manera, estoy segura de que las cosas serían muy diferentes en esta sociedad en la que vivimos.

Esperamos que este libro haya bendecido tu vida, así como nos ha bendecido a nosotros al escribirlo. Si deseas comunicarte con alguna de nuestras coautoras o con esta servidora, visita nuestras páginas de internet o envíe un email a jdncpublications@gmail.com y le pondremos en contacto con ellas directamente. Si desea llevar la conferencia anual Entre Amigas a su país o lugar donde vive, escríbanos a entreamigasint@gmail.com

Bendiciones

Entre Amigas

AGRADECIMIENTOS

GRACIAS

GRACIAS

GRACIAS

AGRADECIMIENTOS

Primeramente, quiero dar toda la gloria y la honra a nuestro Dios Padre Celestial, quien es la fuente de toda bendición, conocimiento y poder. Con todo mi corazón, agradezco a cada coautora que con tanto amor aceptó este desafío y dedicó su valioso tiempo para cumplir con este compromiso.

Sus historias y todo lo que compartieron me hicieron llorar, reír y regocijarme al ver cómo Dios se glorifica en cada relato. Gracias por permitir que el Señor las usara de esta manera. Espero que este sea solo el comienzo de una carrera de escritura de excelencia y edificación. Les deseo todo el éxito en sus ministerios, familias, negocios, y en su vida personal. No puedo dejar de mencionarlas por sus nombres:

Alfaxad Sánchez, Claudia P. Álvarez, Dinora Puello, Dorothy Álvarez, Elizabeth Puello, Elizabeth Walcott, Erica V. Figueroa, Ester Delvillar, Gerianne Marra, Jeannett Toro, Jenny Fortes, Judith De la Espriella, Judian Bartolomey, Keren Sánchez, María Ligia Callejas, Marisol Martínez, Marisol Severino, Nilsa M. Ortiz, y Sheila Dávila.

Verdaderamente las admiro, les deseo mucho éxito en el Señor y espero que este no sea el único ni último proyecto en el que trabajemos unidas. Tienen un potencial súper maravilloso que en las manos del Señor tocará multitudes. Todas ustedes tienen el potencial de ser grandes escritoras que honren a Dios con sus escritos, y JDN Publications y EDUCATE Publishing están para ayudarles a alcanzar ese potencial a su máxima potencia.

Bendiciones mis amadas,
Edna L Isaac

www.ingramcontent.com/pod-product-compliance
Lightning Source LLC
Chambersburg PA
CBHW070723240426
43673CB00003B/119